MÚSICA   CULTURA POP   ESTILO DE VIDA   COMIDA
CRIATIVIDADE & IMPACTO SOCIAL

O PODER DO UAU

Como tornar sua vida e seu trabalho vibrantes colocando o sucesso do cliente em primeiro lugar

Equipe da Zappos.com
com Mark Dagostino

Tradução
Cássia Zanon

Copyright © 2019 by Zappos.com LLC
Todos os direitos reservados

Publicado mediante acordo com a BenBella Books, Inc.

Nenhuma parte desta publicação pode ser reproduzida, armazenada ou transmitida para fins comerciais sem a permissão do editor. Você não precisa pedir nenhuma autorização, no entanto, para compartilhar pequenos trechos ou reproduções das páginas nas suas redes sociais, para divulgar a capa, nem para contar para seus amigos como este livro é incrível (e como somos modestos).

Este livro é o resultado de um trabalho feito com muito amor, diversão e gente finice pelas seguintes pessoas:
Gustavo Guertler (*publisher*), Fernanda Fedrizzi (coordenação editorial), Germano Weirich (preparação e revisão), Celso Orlandin Jr. (adaptação da capa e projeto gráfico) e Cássia Zanon (tradução)
Obrigado, amigos.

2022
Todos os direitos desta edição reservados à
Editora Belas Letras Ltda.
Rua Antônio Corsetti, 221
CEP 95012-080 – Caxias do Sul – RS
www.belasletras.com.br

Dados Internacionais de Catalogação na Fonte (CIP)
Biblioteca Pública Municipal Dr. Demetrio Niederauer
Caxias do Sul, RS

D127p	Dagostino, Mark
	O poder do uau: como tornar sua vida e seu trabalho vibrantes colocando o sucesso do cliente em primeiro lugar / Mark Dagostino e funcionários da Zappos; tradutora: Cássia Zanon. - Caxias do Sul: Belas Letras, 2022.
	288 p.
	ISBN: 978-65-5537-024-9
	Título original: The power of wow - How to electrify your work and your life by putting service first.
	1. Administração de pessoal. 2. Administração de empresas. 3. Cultura organizacional. I. Funcionários da Zappos. II. Zanon, Cássia. III. Título.
20/67	CDU 658.3

Catalogação elaborada por Vanessa Pinent, CRB-10/1297

Este livro é dedicado a todos os nossos clientes, funcionários, membros da comunidade, fornecedores e acionistas que fizeram parte de nossa jornada nos últimos vinte anos (e por muitos outros que estão por vir).

Objetivo da Empresa Zappos:
<u>Inspirar o mundo</u>, mostrando que é possível proporcionar felicidade simultaneamente a clientes, funcionários, comunidade, fornecedores e acionistas <u>de maneira sustentável e a longo prazo.</u>

Resumindo: viver e entregar UAU

SUMÁRIO

As boas-vindas do Tony 11
Introdução: Um propósito maior 13

PARTE I – CONECTANDO
Capítulo 1: O coração da cultura voltada para os serviços 25
Capítulo 2: O poder das pessoas 45
Capítulo 3: Individualidade bem-vinda 63
Capítulo 4: A confiança em ação 75
Capítulo 5: Além dos lucros 87

PARTE II – CULTIVANDO
Capítulo 6: Abaixo da superfície 101
Capítulo 7: Navegando as mudanças 121
Capítulo 8: Compartilhando valores 143
Capítulo 9: Conduzindo a mudança 153

PARTE III – CRIANDO
Capítulo 10: Primeiros adaptadores 181
Capítulo 11: A revolução da evolução 199
Capítulo 12: O futuro agora 223
Capítulo 13: O poder da Zappos Adaptive 251

Posfácio 267

Próximos passos 269
O juramento do emprego 271
Agradecimentos 284

Em vez de escrever um prefácio tradicional aqui no começo, decidi espalhar comentários aleatórios ao longo do livro. Você verá meus comentários em balões de pensamento como o que está lendo agora. Pense neles como mensagens de texto que estou lhe enviando em vários pontos do livro.

Além de todos os funcionários da Zappos que contribuíram para este livro, fizemos uma parceria com Mark Dagostino, autor de vários best-sellers do New York Times, *incluindo* The Magnolia Story, *para nos entrevistar, escrever e nos ajudar a costurar todas as nossas histórias.*

Sem mais delongas, vamos começar com a história de Mark de como todo esse projeto ganhou vida...

—Tony Hsieh
antigo CEO, Zappos.com

INTRODUÇÃO: UM PROPÓSITO MAIOR

Dez anos atrás – coincidentemente, na mesma época em que a Zappos estava finalizando seu acordo de parceria com uma pequena empresa chamada Amazon –, publiquei meu primeiro livro, *My Life Outside the Ring*, com o lendário lutador Hulk Hogan.

Escrevi esse livro enquanto fazia malabarismos entre um emprego de tempo mais do que integral em uma das maiores revistas do mundo e meus deveres familiares de ajudar a criar dois filhos pequenos. O que significa que escrevi no meu "tempo livre", trabalhando no meu laptop da meia-noite às 3 da manhã, todos os dias.

Foi exaustivo. Foi revigorante. Foi desafiador. Afetou minha família e meu sono, mas o esforço valeu a pena. Meu primeiro livro tornou-se um best-seller do *New York Times* e acabou servindo como ponto de partida para a maior e mais ousada decisão da minha vida adulta: deixar meu emprego estável para trás e assumir a vida de coautor em tempo integral. Uma vida trabalhando em casa, fazendo o que eu amo, mas sem nunca saber de onde virá meu próximo salário.

Meu salto de fé funcionou muito bem no começo. Nos meus primeiros anos, escrevi livros com um candidato à presidência dos EUA, uma figura lendária do esporte, um general do exército, estrelas da TV e muito mais. Adorava o que estava fazendo, mas estava faltando alguma coisa. Com o passar do tempo, alguns desses livros não estavam vendendo tão bem quanto eu esperava. Depois de mais de meia década, eu estava apenas me virando (financeiramente falando). E eu estava começando a questionar se havia tomado uma decisão ruim, principalmente porque os possíveis projetos de novos livros que continuavam surgindo em meu caminho pareciam cada vez mais impulsionados por assuntos menos emocionantes. Muitos eram orientados pelo ego de empresários que queriam aproveitar meus sucessos anteriores, ou livros de celebridades que queriam entreter com fofocas e histórias divertidas (e não muito mais) para ganhar algum dinheiro.

Esse tipo de livro *poderia* ter alimentado muito bem minha conta bancária, mas, ao considerar se os faria ou não, percebi que eles não tinham nada que alimentasse meu coração e minha alma. Eles pareciam superficiais. Pareciam ser algo menos do que aquilo a que eu deveria dedicar minha vida para criar.

O que eu mais gostava em escrever livros, e o que tentei incluir em todos os livros que havia feito até então, eram as melhores e mais inspiradoras histórias de meus perfilados. Eu adorava descobrir como aquelas pessoas comuns haviam conseguido chegar ao topo. Como elas superavam obstáculos. Como haviam vencido os desafios para perseguir e alcançar seus objetivos.

Então, tomei uma decisão: eu *só* queria escrever livros inspiradores, o tipo de livro que leva as pessoas a acordar de manhã e sair em busca de seus sonhos. Quero me dedicar a escrever livros que lembrem às pessoas que o mundo está cheio de possibilidades incríveis e que todos temos uma chance de melhorar a vida para nós e para os outros, todos os dias.

Para cumprir esse compromisso, optei por desistir de um contrato potencialmente lucrativo que não servia a esse propósito.

Se fiquei nervoso em abandonar um projeto que já estava em andamento? Sim. Eu sabia de onde viria meu próximo salário? Não. Mas sabia que era a coisa certa a fazer. Então fiz.

Foi um salto de fé. Do mesmo tipo de salto que empresas como a Zappos precisam dar às vezes, quando querem passar de boas para ótimas.

Quis o destino que, apenas algumas semanas depois, eu recebesse um telefonema sobre um projeto de livro que me pareceu ter o potencial de cumprir meu novo objetivo. Então, eu fui atrás dele. Dei tudo de mim. Voei de New Hampshire até o meio do Texas para uma reunião de 15 minutos e, nessa reunião, enquanto ouvia os objetivos daquele casal para o livro deles, mencionei minha grande decisão: "Eu só quero trabalhar em livros inspiradores". Compartilhei um pouco sobre minha jornada pessoal, e eles compartilharam um pouco sobre a deles. Apesar de nossas diferenças geográficas, nós parecíamos ter muito em comum. Todos havíamos enfrentado algumas dificuldades e conseguimos achar graça dessas semelhanças. Sem nos darmos conta, nossa reunião durou mais de uma hora.

O casal tinha a possibilidade de contratar praticamente qualquer escritor do mundo para escrever seu livro. Mas os dois escolheram a mim. E tenho certeza de que minha decisão de focar em inspirar os outros foi grande parte da razão pela qual eles fizeram isso.

As pessoas que estavam lá eram Chip e Joanna Gaines, as estrelas do programa *Fixer Upper*, da HGTV, e nosso livro, *The Magnolia Story*, se tornaria um best-seller nº 1 do *New York Times*. O livro vendeu mais de 1 milhão de cópias nos três primeiros meses e, mais de dois anos após sua publicação inicial, ainda conseguiu voltar a algumas listas de best-sellers durante a temporada de compras natalinas. A edição segue vendendo na versão com capa dura até hoje.

O mais surpreendente é que isso não aconteceu por acaso. Desde então, fui coautor de três outros livros que chegaram à lista de best-sellers do *New York Times*, e cada um deles estava de acordo com o mesmo conjunto de valores inspiradores que propositadamente planejei seguir. Colocar meu foco em algo maior que eu, algo maior do que simplesmente receber um salário, valeu a pena. E o simples ato de concentrar o trabalho da minha vida em servir a um propósito maior também melhorou minha vida pessoal, de mais maneiras do que posso relacionar nesta breve introdução.

Então, talvez você entenda por que fiquei um pouco cético quando uma pessoa chamada Kelly Smith entrou em contato comigo (através do link no meu humilde site de US$ 1 por mês) dizendo que queria falar sobre escrever um livro para a Zappos. *Por que eu estaria interessado em fazer um livro de negócios, que eu imaginei ser um projeto "corporativo", depois de ter deixado o mundo corporativo para trás e tomado aquela grande decisão de focar na inspiração?*

Se você conhece o conceito da Zappos, provavelmente está rindo da minha ingenuidade. Para ser sincero, eu não sabia muita coisa sobre a Zappos.

Eu não sabia nada sobre Mark, então estamos quites.

Eu sabia que eles vendiam sapatos, mas nunca tinha comprado nada no site deles. Eu sabia do CEO da Zappos, Tony Hsieh, e que ele próprio havia escrito um livro, mas eu não tinha lido. Ainda assim, havia algo no e-mail inicial de Kelly que chamou minha atenção: ela disse que queria criar um livro contado nas diversas vozes dos funcionários da empresa, o que me intrigou. Eu tinha lido muitos livros sobre negócios e havia escrito muitos artigos sobre negócios em minha carreira como jornalista (especialmente durante meus primeiros anos no *Boston Globe*), mas nunca tinha visto um livro sobre negócios escrito dessa maneira. Aquilo me pareceu novo. Parecia único. Como queria saber mais, marquei uma chamada com a equipe dela.

Na primeira hora do que se tornaria uma jornada de dois anos no coração da cultura da empresa, percebi que o que a Zappos estava fazendo não era vender sapatos. Não se tratava sequer de "negócios", no sentido tradicional. Tinha a ver com serviço. Tinha a ver com inovação. Tratava-se de reimaginar o que uma empresa poderia ser e como ela poderia sobreviver no longo prazo, além de deixar não apenas os clientes, mas também funcionários, acionistas e comunidade – todos os envolvidos – mais felizes no processo.

Viajei para a sede da Zappos em Las Vegas e passei um tempo com seus funcionários. Sentei em volta de uma fogueira com Tony Hsieh, mergulhei naquela cultura e logo percebi que não seria uma experiência de apenas escrever um livro. Aquela experiência estava me inspirando a querer fazer coisas ainda maiores e melhores com o trabalho da minha própria vida, que é exatamente o que a Zappos pretende fazer com todas as suas interações. O objetivo bastante real dessa empresa é mudar a maneira como os negócios são feitos e contagiar outras empresas, grandes e pequenas, a fazer algo mais inovador e mais *inspirador* ao longo do caminho.

Isso nem parece real, certo? Nesse mundo cínico em que vivemos, é fácil descartar a integridade sincera e o desejo de fazer o bem como uma espécie de artifício de marketing. Mas eu fiquei impressionado ao descobrir que todos os funcionários que conheci na Zappos tinham uma história para contar que sustentava a missão da empresa. Não importava se era alguém em uma posição de liderança, trabalhando na recepção ou me levando em um ônibus da marca Zappos para o aeroporto. Todos os funcionários tinham uma história pessoal e apaixonada para compartilhar, principalmente sobre como modificar a maneira de trabalhar mudou suas vidas para melhor. E cada um deles mostrou muito claramente que seu objetivo em compartilhar essas histórias comigo não era engrandecer a si mesmos, mas inspirar outros a direcionar um novo olhar para o que *eles* fazem e considerar maneiras de tornar *suas* vidas e *seu* trabalho melhores também.

Sei que isso não é novidade para todos vocês. Alguns de vocês que compraram este livro já estão mergulhados na mística Zappos. Você provavelmente sabe muito mais sobre a Zappos do que eu sabia quando comecei a trabalhar neste projeto. Mas, embora eu tenha precisado me atualizar (antes de tudo devorando o livro de Tony Hsieh, *Satisfação Garantida*), o que aprendi em minha jornada com essa empresa até agora é que qualquer coisa que alguém pense que sabe sobre a Zappos, seja por livros anteriores ou vários artigos que saíram na imprensa, não passa da superfície.

O que você está prestes a ler neste livro é o resultado de dez anos adicionais de experiência, dados e informações coletados para dar sustentação ao que ainda eram principalmente hipóteses e sonhos em 2009. A cultura do UAU, os valores fundamentais e a dedicação aos "lucros, paixão e propósito" pelos quais a Zappos ficou conhecida no passado ainda se aplicam, mas, agora, esses conceitos foram testados várias vezes. E, como você verá em breve, embora algumas das ideias da Zappos não tenham funcionado, todo fracasso foi uma lição no caminho para um futuro emocionante.

Hoje, as metas da Zappos são maiores do que nunca, conforme declarado no objetivo da empresa: **Inspirar o mundo, mostrando que é possível proporcionar felicidade simultaneamente a clientes, funcionários, comunidade, fornecedores e acionistas de maneira sustentável e a longo prazo.**

Isso pode parecer grandioso, mas a Zappos está em uma posição única para definir objetivos grandiosos – e depois persegui-

-los. Embora tenham o apoio e os recursos da Amazon, o acordo que Tony assinou em 2009 garante que a empresa permaneça independente e autônoma.

> *De fato, a Amazon e a Zappos têm um documento interno intitulado* **Documento dos 5 princípios,** *que diz:*
>
> 1. *A Zappos operará de forma independente, supervisionada por um comitê de gestão que funcionará de maneira semelhante ao conselho de administração anterior da Zappos. O comitê será composto inicialmente por três pessoas da Amazon e três da Zappos.*
> 2. *A cultura única da Zappos tem sido essencial para o seu sucesso até o momento, e procuramos protegê-la.*
> 3. *Haverá diferenças entre as experiências do cliente na Amazon e na Zappos, e nós manteremos a separação, para que os clientes entendam essas diferenças.*
> 4. *A Amazon quer aprender com a Zappos e vice- -versa. Compartilharemos informações para facilitar o aprendizado.*
> 5. *Os únicos "itens obrigatórios" de integração são processos legalmente necessários (por exemplo, há restrições de divulgação devido ao fato de a Amazon ser uma empresa pública). Estes serão claramente definidos e comunicados.*

O que significa que, desde que proporcione lucros e crescimento, a Zappos tem a liberdade de fazer, basicamente, tudo o que quiser. E o que a Zappos se tornou na segunda década de sua existência é muito mais do que um varejista on-line e ainda mais do que uma empresa de serviços digna de UAU: A Zappos se tornou uma incubadora de novas ideias; um campo de testes para o futuro de como empresas grandes e pequenas podem se adaptar, crescer e prosperar diante de uma taxa de mudança exponencialmente crescente.

O maior objetivo é oferecer UAU a todo mundo. Criar uma fórmula comercial na qual não haja perdedores. Transformar a Zappos em um sistema dinâmico, auto-organizado e em constante mudança, que proporcione ganhos para todas as partes envolvidas: funcionários, clientes, acionistas, fornecedores, comunidade, o mundo – *todo mundo*.

E isso não é tarefa fácil.

Como você está prestes a descobrir, a empresa passou por alguns altos e baixos bem loucos na última década, enquanto tentava decretar e estabelecer uma maneira de fazer negócios que não havia sido posta em prática em escala antes. Mas o alvo da Zappos, e o que ela está desencadeando, é um local de trabalho auto-organizado no qual os funcionários operam com a mesma autonomia e capacidade de inovar que a própria Zappos faz sob o guarda-chuva da Amazon.

> *"Auto-organizado" é um termo técnico com uma definição específica que pode não ser óbvia. Não significa caos completo sem governança, com todos fazendo o que quiserem, o que é um equívoco comum. Uma das minhas maneiras favoritas de descrever sucintamente o que significa auto-organização é "regras, não reguladores". Um exemplo de auto-organização na natureza é quando vemos uma revoada de pássaros.*
>
> *Não há um pássaro "líder" em uma revoada que diga aos outros pássaros o que fazer. Em vez disso, os pássaros seguem regras muito simples, como ficar a uma certa distância dos pássaros próximos, nem muito perto, nem muito longe, e aproveitar a "corrente de ar" ou o "rasto" criado pelos outros pássaros para minimizar o tanto de energia necessária para voar com mais eficiência.*

Como será isso? Você está prestes a descobrir.

Para explicar melhor, está na hora de eu sair do caminho e entregar este livro a esses funcionários. Afinal, este livro foi ideia deles, e permitir que eles mesmos abram as cortinas é a melhor maneira de não apenas explicar, mas realmente mostrar o que a Zappos está fazendo. *Eles* contarão a história de como a Zappos opera, de como chegaram aqui e o quanto o trabalho pode ser divertido (tanto para funcionários iniciantes quanto para CEOs) quando está relacionado com conexão e serviço. Eles explicarão como confiança e serviços no local de trabalho liberam a criatividade. E eles também compartilharão para onde a Zappos (e talvez o resto do mundo dos negócios) irá. Para isso, mostrarão como permanecer fiel a uma cultura e dar aos funcionários a capacidade de liderar através da auto-organização e da dinâmica baseada no mercado (Market-Based Dynamics, MBD) já está criando novas experiências, novas categorias e nova lucratividade em áreas que ninguém na Zappos poderia ter imaginado quando tudo começou.

> *MBD é o nosso termo interno para a criação de uma minieconomia dentro das quatro paredes da Zappos para imitar o que acontece no mundo real. Parte do que levou à implementação da MBD na Zappos foi o fato de uma pesquisa ter demonstrado que os mercados são uma das principais forças a promoverem a inovação.*

Não importa se você se considera um líder, um seguidor, um empresário, um funcionário público, uma pessoa caseira ou um viciado em televisão. Quem quer que você seja, qualquer que seja o ponto em que esteja no trabalho ou na vida, espero que você ache que este livro foi escrito para lhe servir. Porque ele realmente vem do coração, de todos os funcionários da Zappos que você está prestes a conhecer. E a minha maior esperança, a maior esperança *deles*, é que essa espiada na história sempre em desenvolvimento da Zappos faça você dizer UAU, de modo que você fique inspirado e provoque um UAU no mundo também.

– **Mark Dagostino**

PARTE 1

Conectando

O CORAÇÃO DA CULTURA VOLTADA PARA OS SERVIÇOS

Teri McNally
Líder de equipe, Atendimento ao cliente
Uma vez, passei minhas férias morando em um farol em funcionamento.

É incrível como abrir nosso coração muda tudo.

Nesse caso, tudo começou com um telefonema.

"Alô?"

"Oi, aqui é Teri, da Zappos.com. É a Susan?"

"É, sim."

"Olá, Susan. Soube que você ligou ontem para o nosso departamento de fidelização do cliente para nos informar que a maior parte do seu pedido de calçados não chegou no prazo prometido."

"Sim."

"Estou ligando para dizer que revisei sua ligação e lamento muito por tudo que você e sua família estão passando."

"Eu... obrigada. Há mais algum problema com o meu pedido?"

"Não, não. O resto dos sapatos chegará amanhã. Eu verifiquei três vezes se eles estavam mesmo a caminho antes de ligar para você, então, só quero informar que eles estão mesmo a caminho e também queria me desculpar por não termos feito mais quando você ligou ontem. Sei que é um momento difícil para você e sua família, e senti que deveríamos fazer algo mais, então, creditei sua conta com metade do valor da compra."

"Você fez o quê?"

"Os sapatos atrasados ainda chegarão amanhã, mas estou reembolsando metade do seu dinheiro."

"Uau! Você está brincando. Isso é incrível. Por que você fez isso?"

"Bem, depois de saber por que você os encomendou, pensei que a última coisa que você precisava era que esse pedido de sapatos acrescentasse mais estresse à sua vida. Assim, eu só queria pedir desculpas pelo atraso e corrigir a situação, se fosse possível. Então você deve ver esse crédito de volta no seu cartão dentro de 48 horas."

"Isso é... Eu não sei o que dizer. Isso é realmente generoso da sua parte. Eu disse à mulher no telefone ontem que o serviço memorial precisou ser adiado por causa do tempo. Por isso, os sapatos chegarem atrasados nem é um problema tão grande, desde que eles cheguem."

"Entendo, e fico satisfeita que eles cheguem a tempo para o serviço. Sinto muito por sua perda."

Susan fez uma pausa.

"Obrigada. Muito obrigada. Estamos todos de coração partido..."

Somos conhecidos pelo esforço em oferecer um dos melhores serviços de atendimento ao cliente do mercado, e é meu trabalho como líder da equipe de fidelização do cliente ajudar a garantir que isso continue. Nessa função, faço verificações de nossos registros de chamadas de atendimento ao cliente para garantir que as pessoas que ligam com uma pergunta ou preocupação sobre algo estejam sendo atendidas como deveriam. Não sei bem por que revisei aquela ligação em particular naquele dia (foi realmente aleatória), mas fiquei imediatamente impressionada com o que ouvi.

> *Um desafio interessante que temos é quando contratamos funcionários com experiência prévia em call center. Às vezes, precisamos destreinar velhos hábitos ruins e incentivar novos funcionários a se concentrarem mais em encantar o cliente em vez de minimizar os tempos e custos de ligação para a empresa, se for a serviço de uma melhor experiência do cliente. Temos uma equipe que audita ligações telefônicas aleatórias para procurar oportunidades de treinamento quando sentimos que um representante ofereceu um serviço bom, mas não necessariamente ótimo. Uma das minhas citações favoritas é do autor de negócios Jim Collins, que gosta de dizer que o bom é o inimigo do ótimo.*

Susan, uma mulher encantadora com sotaque do Tennessee com quem eu havia estado ao telefone, tinha telefonado porque a maior parte de seu pedido de sapatos não havia chegado como prometido. Seu pedido era incomum: 11 pares de tênis Lacoste, todos vermelhos, em tamanhos diferentes. Ela disse à nossa representante que apenas *um* dos pares havia chegado, e que aquilo era realmente importante para ela, porque os sapatos vermelhos seriam usados em um funeral: um memorial para Luis, o namorado de sua filha adolescente.

O incrível é que Susan não estava brava com o atraso. Ela estava apenas frustrada (dava para ouvir isso na voz dela), e com razão. Ela queria se certificar de que os sapatos estavam a caminho e chegariam a tempo para aquele dia tão importante. Acontece que

O CORAÇÃO DA CULTURA VOLTADA PARA OS SERVIÇOS   27

o Tennessee, que normalmente não tem muita neve, havia sido atingido por uma grande tempestade de neve. Com isso, muitos voos e serviços de entregas haviam sido cancelados em todo o estado. A integrante da nossa equipe de fidelização do cliente explicou que os sapatos eram provenientes de dois depósitos diferentes e, embora um dos depósitos tivesse conseguido realizar o envio de um par de sapatos, todos os demais que não chegaram eram de um depósito diferente, que foi afetado pelas tempestades. Susan compreendeu. Coisas acontecem. Ela disse que tudo ficaria bem, e a ligação terminou cordialmente.

Quis fazer um acompanhamento da situação, porque achei que nossa representante poderia ter sido mais empática. Ela foi amigável. Ela fez uma pesquisa e garantiu a Susan que seus sapatos estavam a caminho. Mas ela não se desculpou pelo inconveniente e pela preocupação que causamos a Susan e sua família, e um pedido de desculpas certamente parecia justificado. Também pensei que os sapatos que havíamos prometido entregar deveriam significar algo realmente especial para aquelas pessoas. Não era um pedido pequeno.

> *Claramente, não estávamos apenas fornecendo sapatos para aquela família. Estávamos fornecendo algo mais profundo, algo que conectava aquelas pessoas a um jovem que haviam perdido.*

Eram US$ 845 em sapatos! Devia haver algum simbolismo para alguém pedir todos aqueles sapatos vermelhos em particular para serem usados em um funeral, certo? Claramente, não estávamos apenas fornecendo sapatos para aquela família. Estávamos fornecendo algo mais profundo, algo que conectava aquelas pessoas a um jovem que haviam perdido.

Foi por isso que liguei para Susan e tomei a decisão de devolver metade do dinheiro a ela.

28   O PODER DO UAU

"Vou acompanhar pessoalmente pela manhã para garantir que os sapatos cheguem a tempo, está bem? E, se você tiver algum problema com os tamanhos ou qualquer outra coisa, ligue diretamente para mim, que enviarei um caminhão da UPS para recolher as devoluções na sua casa e mandarei os novos tamanhos no dia seguinte, conforme necessário, sem custo adicional."

"Você fará tudo isso?"

"Sim. Será um prazer, Susan. E, se eu puder ajudar com qualquer outra coisa, não hesite em ligar. Vou lhe deixar meu número direto e meu endereço de e-mail..."

Eu me certifiquei de que Susan saberia como entrar em contato comigo, e ela me agradeceu novamente. Eu agradeci por ela ter escolhido a Zappos, e foi tudo. Mas eu não conseguia parar de pensar em Susan e sua família. No momento em que desliguei o telefone, pedi que fossem enviadas flores para a filha dela no dia seguinte, juntamente com um vale-presente de US$ 100 para que ela pudesse comprar algo de bom depois que tudo isso terminasse.

Quando cheguei em casa, contei a meu marido sobre a ligação. Continuei falando sobre aquela mulher, o que ela devia estar passando e como deve ser horrível ver uma filha sofrendo, e concluí que eu também havia falhado um pouco no meu telefonema. Eu queria fazer algo mais e sabia que nossa empresa *faria* mais. Susan e sua filha pediram à Zappos que entregasse o que precisavam a tempo, e isso não é algo que qualquer empresa possa deixar de levar a sério.

Assim que cheguei ao campus na manhã seguinte, verifiquei o computador e fiquei feliz em ver que os sapatos haviam sido entregues. Olhei para uma foto do meu pai em cima da minha mesa, em meio a uma porção de objetos divertidos e pequenas lembranças que tornam meu espaço de trabalho tão pessoal para mim.

Peguei o telefone.

"Alô?"

"Oi, Susan, é Teri da Zappos de novo."

"Oi, Teri!"

"Recebi um aviso de que seus sapatos foram entregues, mas queria conferir se você os recebeu."

"Eles estão aqui! Obrigada. E McKendree acabou de receber as lindas rosas que você enviou e o vale-presente. Foi tão incrivelmente atencioso e generoso que eu não sei o que dizer."

"Bem, eu só queria fazer um pouco mais. Não mencionei isso ontem, mas perdi meu pai para o câncer há alguns meses. Então sei o quanto isso pode ser difícil."

"Ah, não. Sinto muito por ouvir isso. Sinto muito por sua perda."

"Obrigada. Muito obrigada."

"Mas por que as rosas? Como você sabia?"

"Sabia o quê?", perguntei.

"Luis costumava enviar rosas exatamente como aquelas para McKendree quando ela estava em tratamento."

"Você está brincando."

"Não. Não sei se você sabe disso, mas ela e Luis se conheceram quando estavam em tratamento."

"Ah, meu Deus."

"Ela está em remissão agora. Está indo muito bem. Mas Luis costumava enviar rosas iguaizinhas a essas para ela. A mesma cor e tudo. Como você sabia?"

"Eu não sabia. Pedi um buquê, e o florista deve ter montado ele assim. Não tenho certeza. Uau."

"Uau mesmo. Estou impressionada com tudo isso. Obrigada. E minha filha agradece também."

Susan começou a chorar, e eu também comecei a ficar com os olhos cheios de lágrimas.

"Espere um pouco", ela disse. "Deixe-me colocar McKendree no telefone."

Alguns segundos depois, eu estava ao telefone com McKendree, que era a adolescente mais doce com quem eu já havia conversado. Ela também começou a chorar, e eu passei a chorar ainda mais. Ela me disse que eu havia feito ela ganhar o dia dela.

Quando voltou ao telefone, Susan me agradeceu mais uma vez e reiterou que lamentava saber da morte de meu pai.

"Obrigada. Ele lutou por muito, muito tempo."

"Bem, ele certamente criou uma boa filha."

Foi quando eu fiz uma pausa. O comentário dela me pegou de surpresa.

"Estou falando sério", continuou ela. "Se houvesse um pouco mais desse tipo de bondade e cuidado, o mundo seria um lugar muito melhor agora, não seria? Luis era assim. Ele costumava juntar brinquedos o ano todo para levar para as crianças do hospital em Honduras, de onde era, mesmo quando estava em tratamento. Ele adoraria ter visto o rosto de McKendree quando aquelas flores chegaram. Ele deve estar sorrindo de orelha a orelha no céu, agora. Não consigo expressar o que você fez por nós hoje."

"Foi um prazer", eu disse. "Olha, eu sei que você deve estar ocupada se preparando para amanhã, então não quero atrapalhar..."

"Não, não. Sou sulista e mãe. Se há uma coisa que eu não me importo de fazer é conversar."

> *Se há uma coisa que aprendi neste trabalho é que as pessoas de todos os lugares gostam de conversar. E elas gostam especialmente de ser ouvidas. Mesmo quando a pessoa que está ouvindo é uma estranha ao telefone.*

Se há uma coisa que aprendi neste trabalho é que as pessoas, não apenas do sul dos Estados Unidos, mas pessoas de todos os lugares, gostam de conversar. E elas gostam especialmente de ser ouvidas. Mesmo quando a pessoa que está ouvindo é uma estranha ao telefone que trabalha para um varejista on-line.

"Ah, está bem, então. Eu tenho uma pergunta para você, se você não se importa. Eu tenho uma curiosidade: por que os sapatos vermelhos?"

A voz de Susan disparou quando ela começou a me contar a história de amor de McKendree e Luis, dois adolescentes que se conheceram no Hospital Infantil St. Jude, em Memphis, no outono de 2011, enquanto estavam em tratamento para câncer. Foi como uma versão particular de *A culpa é das estrelas*, a maneira como aquele jovem alegre levava um sorriso para o rosto de McKendree durante os momentos mais difíceis da vida dela, e a maneira como Luis se iluminava com a alegria e a música que McKendree levava para ele. Juntos, eles tocavam violão e cantavam para outras crianças no segundo andar da enfermaria de câncer do hospital. Eles se tornaram melhores amigos e um elemento de felicidade para outros garotos que lutavam pela vida, junto com suas famílias. Sem mencionar uma inspiração para os médicos e enfermeiras que trabalhavam tanto para salvar crianças todos os dias.

Luis já estava lutando contra o câncer havia algum tempo antes de McKendree entrar em sua vida. A certa altura, os médicos tiveram certeza de que teriam de amputar sua perna para conter o câncer. Luis ficou arrasado. Para animá-lo, seus pais juntaram dinheiro e conseguiram comprar um par de sapatos vermelhos que ele cobiçava: um par de tênis Lacoste vermelhos que ele vira em uma vitrine logo depois de vir para os Estados Unidos para se tratar. Ele os usou até o último segundo antes da cirurgia programada. Quando acordou no quarto do hospital, após a cirurgia, ele olhou para baixo e viu as duas pernas. Os médicos não precisaram amputar, afinal.

A partir daquele dia, Luis adorava usar aqueles sapatos vermelhos. Na verdade, o desejo dele era andar de asa-delta usando seus tênis vermelhos favoritos da Lacoste. Um desejo que ele realizou dando o maior sorriso do mundo.

O problema do câncer é que ele nem sempre se mostra. Às vezes, o que você vê do lado de fora, o sorriso no rosto de alguém, não revela o que está acontecendo embaixo da pele. No início de fevereiro de 2015, a saúde de Luis piorou drasticamente. E, quase sem aviso, justamente no Dia dos Namorados, ele morreu.

McKendree ficou arrasada. Todo mundo ficou arrasado. Susan chorou ao me contar isso. Eu também chorei.

Foi quando ela me disse que o desejo pessoal de McKendree era que ela e todos os amigos que passaram por tratamento juntos no hospital St. Jude usassem sapatos vermelhos no funeral de Luis. Foi por isso que Susan ligou para a Zappos e encomendou vários sapatos vermelhos. Agora, ali estávamos nós, ao telefone, chorando.

Se a ligação tivesse terminado ali e eu nunca mais falasse com Susan, teria sido uma das minhas interações mais memoráveis e emocionantes com uma pessoa estranha em toda a minha vida.

Mas não acabou aí. Nem perto disso.

Quando coisas boas acontecem aqui na Zappos, nós compartilhamos nossas histórias com os colegas de trabalho. E, assim que compartilhei a história de Susan, McKendree e Luis com alguns outros membros da minha família Zappos, começaram a surgir ideias.

"Vamos fazer algo realmente especial para McKendree. Ela deve estar muito triste."

"Quem sabe trazemos ela e a família aqui para Las Vegas?"

"Isso! Umas férias."

"Talvez ela possa trazer alguns amigos. Como aqueles amigos de St. Jude que conheciam Luis. Os que usaram os sapatos vermelhos."

"Sim! E se nós fizermos uma festa para eles? Uma celebração da vida. Uma celebração de Luis!"

De repente, vários departamentos da nossa empresa estavam colaborando para montar uma viagem única para McKendree, seus amigos e familiares. Quando tudo estava organizado, enviamos um vídeo dizendo: "Adivinhem só! Vocês virão para Las Vegas!"

McKendree e a mãe não conseguiam entender por que estávamos sendo tão legais e fazendo tanto por eles.

Nossa resposta foi, e sempre é: "Por que não?". A história de McKendree nos tocou, e queríamos fazer alguma coisa a respeito disso. Para homenageá-la. Para homenagear Luis. Para homenagear Susan por tudo o que tinha feito para dar apoio à filha. Todos mereciam se divertir um pouco, não é? Além disso, McKendree estava se formando no ensino médio e ainda travava sua própria batalha contra o câncer. Pensamos que ela merecia um descanso.

Por que não?

"Eles fizeram com que nos sentíssemos como as pessoas mais especiais do mundo", lembra McKendree de sua viagem a Las Vegas. (McKendree está na faculdade, agora. Ela conseguiu uma bolsa de estudos integral enquanto se tratava contra um câncer, de modo que é bastante inspiradora por conta própria!) "Eu nunca havia ido a Las Vegas ou qualquer coisa parecida, e tudo havia sido pensado para nós, cada detalhe. Nós nos divertimos muito. Acho que nunca sorri nem me diverti tanto."

Nunca vou me esquecer do momento em que McKendree e Susan entraram no escritório e nos encontramos pessoalmente pela primeira vez. Como havia assistido a um vídeo que o hospital St. Jude havia postado, já sabia como elas eram. Mas não estava preparada para o dilúvio de emoções. Ao abraçar aquelas duas pessoas que eu havia conhecido por telefone, comecei a chorar. Foi um momento e tanto para nós três. Um momento de pura alegria. Elas também começaram a chorar! Eu ainda me emociono pensando naquilo.

Todos os meus colegas foram à festa naquela noite. Pegamos McKendree e seus amigos em uma limusine, estendemos um tapete vermelho e muitas pessoas da nossa equipe trabalharam até mais tarde apenas para organizar tudo e viver aquela celebração com eles – incluindo nosso CEO, Tony Hsieh. Ele achou tudo tão emocionante que acabou ficando a noite toda. Foi uma das últimas pessoas a sair.

"A noite inteira foi mágica", diz McKendree. "O pessoal da Zappos se dedicou muito. Eles projetaram as minhas fotos favoritas de Luis e eu juntos em uma das paredes. Havia uma banda de mariachis, alguns funcionários faziam danças coreografadas e um cantor local incrível tocou um monte de músicas que eram muito especiais para mim e Luis, incluindo nossa música favorita, 'Live Forever', de Drew Holcomb. Um homem chamado Miguel, que é um dos artistas da Zappos, me deu dois sapatos vermelhos que ele havia pintado: um com o rosto de Luis e o outro com o meu rosto. Eu tenho eles expostos em uma caixa no meu quarto."

> *"Onde há um pulso, há um propósito."*

"Foi mais do que tudo o que eu imaginava que aconteceria comigo em toda a minha vida", continua McKendree. "Quando olho para trás, fico pensando: Aquilo aconteceu mesmo? Nunca tive ninguém que me fizesse sentir tão especial além de Luis. Eu não me sentia daquele jeito fazia muito tempo, mesmo. De alguma forma, eles fizeram eu me sentir como *ele* me fazia sentir."

Foi emocionante para mim também. Para todos que estavam lá. Não acho que houvesse um único olho seco na casa. Parece que Luis tinha um ditado favorito que costumava citar o tempo todo: "Onde há um pulso, há um propósito". Mais de uma pessoa mencionou isso ao microfone ao longo daquela noite. E, ao sermos lembrados dessa frase várias vezes durante a festa, muitos de nós nos sentimos mais inspirados do que nunca para tentar cumprir nosso próprio objetivo pessoal. Quando a família de McKendree voltou ao Tennessee, a celebração ainda não havia terminado. A notícia do que havia acontecido tinha se espalhado.

As pessoas começaram a falar sobre o assunto nas mídias sociais. Alguém criou uma hashtag usando a frase "Operation Red Shoes" (operação sapatos vermelhos). Foi marcante. O que começou com tristeza estava evoluindo através daquela conexão que havíamos feito. Ao conectar e compartilhar nossas histórias, formamos quase magicamente uma nova tribo de apoio a McKendree.

"Não demorou muito", lembra Susan, "sentimos que deveríamos fazer algo por eles em troca, para mostrar em primeira mão ao pessoal da Zappos o que Luis e o que outros pacientes do St. Jude vivenciam. Pensamos que seria muito divertido virar a mesa, levar Teri e as pessoas que instigaram a viagem e a festa para Memphis. McKendree chegou a falar em usar seu Make-a-Wish[1] para financiar a viagem, mas não precisou. Quando a ideia chegou ao St. Jude, alguns amigos de lá se apresentaram e eles próprios ajudaram a financiar a viagem."

O que posso dizer? A viagem a Memphis foi completamente inesperada e totalmente surpreendente. Passamos um tempo no hospital em uma festa de pintura com algumas das crianças. Susan e McKendree nos levaram a Graceland e à Beale Street. Nós nos sentimos muito honrados e comovidos pela família e o hospital retribuírem dessa maneira.

Passarmos um tempo juntos em Las Vegas e no Tennessee levou a algo mais: Susan e eu tivemos a chance de conversar *muito*, e até hoje nós conversamos, trocamos mensagens de texto e e-mails e mantemos contato regularmente. Nós desenvolvemos uma amizade que tenho certeza de que vai durar o resto de nossas vidas.

No outono de 2015, McKendree, junto com sua irmã, Bizzy, e Allie e Hailey, amigas de Luis, lançaram uma organização sem fins lucrativos em memória de Luis: a Operation Red Shoes (ORS), ou "operação sapatos vermelhos". É uma instituição de caridade criada especificamente para ajudar famílias com adolescentes e crianças com suas necessidades à medida que passam por tratamentos contra o câncer. Um grupo de funcionários na Zappos fez doações pessoais para ajudar com o começo da instituição.

---

[1] Fundação Internacional que trabalha para transformar sonhos de crianças com doenças graves em realidade: makeawish.org.br (N. da T.)

"Recebemos todo tipo de apoio, incluindo o de algumas celebridades", conta Susan. "David Mickey Evans, roteirista e diretor de *Se brincar o bicho morde* (1993), deu à ORS a primeira grande doação. Eu realmente acho que ela vai se transformar em uma grande organização sem fins lucrativos que ajudará em algumas das situações que afetam adolescentes que lutam contra essa doença. Nosso objetivo é que ela continue crescendo e fazendo um bom trabalho em homenagem a Luis por muito tempo depois de todos termos partido."

E isso ainda não é tudo! Outro tipo de projeto legado também começou na mesma época. Luis tinha um cachorro, uma husky chamada Luna, que havia deixado para McKendree.

"No começo, eu não sabia o que fazer com ela", diz a menina. "Luna nem sequer gostava de mim. Ela era tão protetora com Luis que costumava se enfiar no meio de nós dois no sofá dele! Mas agora ela gosta de mim. Nós somos amigas. E decidimos cruzá-la, para ajudar a espalhar ainda mais a alegria de Luis para os outros. Três dos filhotes foram treinados para serem cães de serviço para crianças com câncer."

Um dos filhotes acabou indo para Tia Zuniga, uma integrante da equipe da Zappos que ajudou a fazer a Operação Sapatos Vermelhos acontecer. Agora, ela traz o cachorro para o trabalho simplesmente para passar um tempo com sua equipe e deixar os dias mais alegres.

Como eu disse antes: abrir nosso coração muda tudo. E o que a Zappos deu a mim e a todos que trabalhamos aqui é prova de que as empresas também podem ter um coração. Quando esse coração está aberto, aberto de verdade, coisas surpreendentes acontecem.

Christa Foley
Diretora de visão de marca, Diretora de aquisição de talentos e Diretora de treinamento de cultura externa
Leitora ávida. Sem brincadeira, eu leio de quatro a cinco livros por semana.

> *Na mitologia grega, Cérbero (ou Kerberos), frequentemente chamado de Cão de Hades, é um cão de três cabeças que guarda os portões do submundo para impedir que os mortos saiam. Eu penso em Christa como a guardiã de três cabeças da cultura e da marca da Zappos.*
>
> *Ela não tem medo de fincar pé sempre que alguém sugere fazer algo que possa parecer desimportante no momento, mas que pode ser o primeiro passo de uma ladeira escorregadia que comprometa nossos valores a longo prazo.*

A história da "Operação Sapatos Vermelhos" não aconteceu por acidente.

Ela também não aconteceu por acaso.

Aconteceu por projeto.

A possibilidade de grandes coisas acontecerem é simplesmente incorporada à estrutura corporativa da Zappos – um reflexo direto de nossos valores fundamentais. E é o tipo de coisa que você pode fazer acontecer na sua empresa, no seu pequeno negócio e na sua vida também.

> *Zappos Insights é o nome oficial da equipe que fornece vários programas de treinamento e coaching, incluindo treinamento em cultura ("Culture Camp"), treinamento em atendimento ao cliente ("School of WOW") e conversação externa ("Zappos Represents!").*

Como diretora de treinamento de cultura externa, tenho a sorte de liderar uma incrível equipe de zapponianos encarregada de compartilhar as lições (ou seja, de "insights") que aprendemos aqui na Zappos com outros líderes empresariais dos Estados Unidos e do mundo. Portanto, eu não poderia ficar mais feliz ao ver a Operação Sapatos Vermelhos dar início a este livro realizado por funcionários, porque é um exemplo excelente do que pode acontecer quando tudo o que esperamos realizar nesta empresa se reúne.

Muita gente pensa que a Zappos é um site que vende sapatos. Mas isso é apenas o que somos na superfície. O que *realmente* somos, o que sempre fomos, é uma empresa de serviços que calha de vender sapatos (e outros produtos). Somos uma empresa verdadeiramente criada para colocar os serviços em primeiro lugar. Consideramos nosso trabalho estabelecer e promover conexões humanas pessoais.

> *Internamente, usamos a sigla PEC para descrever o que estamos tentando realizar com cada interação com o cliente: Personal Emotional Connection (conexão emocional pessoal).*

A profundidade da conexão pessoal que Teri fez ao telefone com Susan e McKendree é algo que todos nós da Zappos nos esforçamos para conseguir com todos os clientes, todos os dias.

Hoje em dia, se faz muito barulho no mundo dos negócios sobre a criação de uma "cultura obcecada pelo cliente". A ideia é que os clientes são *tudo* para a sua empresa e precisam ser tratados como as potências detentoras do dinheiro, da câmera do telefone e das mídias sociais caso as empresas modernas queiram sobreviver e, mais ainda, lucrar.

> *Muita gente pensa que a Zappos é um site que vende sapatos. Mas isso é apenas o que somos na superfície. O que realmente somos, o que sempre fomos, é uma empresa de serviços que calha de vender sapatos.*

Mas, na Zappos, não vemos isso exatamente assim. Não que não tenhamos o que alguns chamam de cultura obcecada pelo cliente aqui. Temos, sim. Nós pensamos em nossos clientes *o tempo todo*. Mas a que estamos nos referindo quando falamos em "clientes"? E como interpretamos o conceito de sermos "obcecados" por eles?

Não existe uma fórmula a seguir. Na Zappos, atendimento ao cliente não tem a ver com seguir uma lista de verificação ou um roteiro. Não se trata de responder obsessivamente aos tweets de clientes em tempo real ou de tentar agir rapidamente para reprimir as reclamações dos clientes – embora as duas coisas sejam importantes se forem feitas de forma autêntica e pelos motivos certos. Isso não quer dizer que entregamos produtos de graça o tempo todo, nem que estamos realizando algum tipo de ação para tentar fazer com que os clientes gostem de nós. Na verdade, justamente o oposto é verdadeiro.

O coração da cultura da Zappos é que vemos nossos clientes como muito mais do que uma fonte de transações. Nós nos esforçamos para entender as necessidades de nossos clientes e reconhecer que, em alguns casos, um pedido de sapatos ou outro produto pode significar muito mais. A verdadeira magia da nossa cultura de negócios é que vemos nossos clientes como seres humanos. Nós os vemos como família. Nós os vemos como nossos vizinhos e amigos. Nós os vemos como colegas de trabalho. Nós os vemos... como *nós*.

E sabemos que a melhor coisa que podemos fazer uns pelos outros é tratarmos uns aos outros de maneira autêntica, da forma como os seres humanos devem ser tratados nas melhores circunstâncias. O que significa que fazemos o melhor para liderar com nossos corações e tentar fazer a coisa certa para *todos* os nossos clientes, o tempo *todo*.

> *Na Zappos, nossos valores fundamentais são uma parte honesta de tudo o que fazemos. São grades de proteção que guiam nosso caminho.*

Nós queremos que nossos clientes sejam felizes. Felizes de verdade. E queremos continuar espalhando essa felicidade por aí.

Foi por isso que nossos funcionários quiseram montar este livro: estamos trabalhando em nossa mentalidade de colocar os serviços em primeiro lugar há quase 20 anos. Eu estive aqui na maior parte desses anos todos e posso dizer que não chegamos a essa conclusão da noite para o dia. Levamos tempo para compreender que essa mentalidade funciona melhor quando é genuína. O que fazemos no trabalho e o que fazemos em casa não é e não deve ser duas coisas diferentes, porque colocar os serviços em primeiro lugar é importante tanto nos negócios quanto na vida. Levamos anos para entender completamente como é possível que uma empresa atue de maneira mais humana, tenha um pouco mais de coração. E aprender isso fazendo as coisas certas, em vez de fazer apenas as lucrativas, acaba, na verdade, criando mais "lucro" para todo mundo. E ainda estamos aprendendo todos os dias.

Dizem que fizemos algo único na Zappos: conseguimos manter nossa marca e nossa cultura mesmo após uma grande aquisição. Uma década depois de sermos adquiridos por uma das maiores empresas do mundo – a Amazon –, ainda estamos priorizando nossos clientes e nossa cultura mais do que nunca.

Então, como uma empresa sai do zero e se transforma em um negócio que vale uma aquisição de US$ 1,2 bilhão e *depois* sobrevive e mantém seu núcleo sólido, ao mesmo tempo que continua crescendo em um ambiente em rápida mudança? Como uma empresa pode desenvolver esse tipo de resiliência?

Nós acreditamos que tudo se resume a dois pilares.

O primeiro é um conjunto de valores fundamentais onde tudo começa e termina. Não são do tipo "valores corporativos" ou "declarações de missão", como os que são discutidos em reuniões, colocados em algum documento e acabam esquecidos. Na Zappos, nossos valores fundamentais são uma parte honesta de tudo o que fazemos. São as grades de proteção que guiam nosso caminho. Assim como a Constituição, eles servem como base de toda decisão que tomamos e de todo empreendimento que realizamos. Nossos valores fundamentais nos permitem saber sempre onde estamos, para termos certeza de estarmos sempre avançando com a bússola apontada na direção certa.

Nossos valores fundamentais foram discutidos detalhadamente no primeiro livro de Tony, *Satisfação Garantida*. Mas, para aqueles que nunca os viram (e como lembrete para quem os viu), nossos valores fundamentais na Zappos são:

1. Entregar UAU através de serviços
2. Aceitar e impulsionar a mudança
3. Criar diversão e um pouco de estranheza
4. Ser aventureiro, criativo e mente aberta
5. Buscar crescimento e aprendizado
6. Criar relacionamentos abertos e honestos com a comunicação

7 Criar uma equipe positiva e um espírito de família
8 Fazer mais com menos
9 Ser apaixonado e determinado
10 Ser humilde

Você verá cada um desses valores fundamentais em ação ao longo deste livro. Você também pode se aprofundar em nosso Juramento do Emprego (na página 271). É um documento que damos a todos os novos contratados e, além de listar os Dez Valores Fundamentais, define exatamente o que queremos dizer com cada um deles, detalhadamente. O juramento é nossa sinalização a todos os funcionários de que manter-se fiel aos nossos valores fundamentais e à nossa cultura é um direito e uma responsabilidade de todos nós.

Os valores fundamentais são importantes. Quando estão presentes, quando são sólidos, eles baseiam todas as decisões e todos os movimentos que fazemos. E quando não estão? Bem, nós acreditamos que isso faz parte do motivo pelo qual algumas empresas podem vacilar sob pressão ou ter dificuldades para tomar boas decisões alinhadas com sua marca e seus valores.

O segundo pilar da nossa empresa? Na Zappos, descobrimos que cada ínfima parte de nosso sucesso depende de nossos funcionários. Contratar as pessoas certas e depois confiar que essas pessoas tenham apreço pelos melhores interesses de nossa empresa – e também de nossos clientes – importa tanto quanto qualquer outra coisa que poderíamos querer projetar na estrutura de nossos negócios.

Afinal, do que é feita uma empresa, senão de suas pessoas? E serviço é colocar as pessoas em primeiro lugar.

2

O PODER DAS PESSOAS

Hollie Delaney
Diretora de Recursos Humanos
Fui treinadora de golfinhos depois da faculdade.

Eu estava farta. Havia trabalhado com RH durante anos, em vários ambientes diferentes: de um cassino a um parque aquático, passando por comércio eletrônico e lojas físicas. Para ser sincera, eu simplesmente não gostava do que estava fazendo. Sentia que tudo o que fazia era impor regras o dia inteiro, lidar com questões de conformidade e dizer às pessoas o que elas estavam fazendo de errado. Não havia nada divertido nisso. Nada animador.

Eu sequer me sentia *eu mesma* quando estava trabalhando. Eu não me vestia como gosto de me vestir. Sou do tipo de mulher que gosta de usar jeans rasgados e camiseta e, em um dos meus empregos anteriores em RH, eu era obrigada a usar meias. Tipo *meia-calça*. Todos os dias. *Por quê?* Porque era assim que as coisas sempre haviam sido feitas. Não havia realmente nenhuma outra razão.

No trabalho anterior, eu não agia como costumo agir normalmente. Era como se eu vestisse uma persona quando entrava pela porta. O trabalho era apenas um emprego e, às vezes, um emprego *miserável*, para o qual eu me arrastava todas as manhãs apenas para ficar olhando para o relógio durante a tarde, simplesmente esperando pela hora de voltar para casa para minha família e ser eu novamente. Quando cheguei ao limite no meu último emprego no varejo, decidi não apenas sair, como também mudar de carreira. Não queria mais saber de RH. Tudo de que eu precisava era um emprego temporário para pagar as contas enquanto decidia quais seriam meus próximos passos.

> **O departamento de RH da Zappos é como nenhum outro departamento de RH que já encontrei. É divertido e um pouco estranho, assim como eu.**

Claro, era mais fácil dizer isso do que fazer. Foi em RH que me formei. Era o que preenchia meu currículo.

Então, quando procurei por trabalho na Zappos pelo que realmente acreditava que seria um breve período, foi de má vontade que me candidatei a uma vaga no RH. Não era o mundo totalmente novo pelo qual eu estava esperando, mas tinha ouvido dizer que era uma empresa divertida. Pensei que talvez fosse pelo menos um lugar relativamente agradável para trabalhar enquanto eu descobria como fazer a transição para uma carreira totalmente diferente.

Lembro de uma das primeiras coisas que a pessoa que me entrevistou perguntou: "Como seu gerente atual descreveria você?". E eu respondi: "Ele diria que eu sou divertida, mas um pouco estranha".

"Sério?", ela replicou. "Esse é um dos nossos valores fundamentais: Criar diversão e um pouco de estranheza."

"Ah", exclamei, surpresa e sinceramente um pouco cética. A Zappos não era muito conhecida na época. Eu nunca tinha ouvido nada sobre seus "valores fundamentais" ou qualquer outra coisa, na verdade. (Acontece que eles haviam acabado de finalizar a lista de Valores Fundamentais justamente naquele ano.)

"Que estranho", eu disse em voz alta.

> *Eu me pergunto se Hollie riu de sua própria piada por dentro.*

Aconteceu de eu e a Zappos compartilharmos muitos valores fundamentais, depois de eu saber quais eles eram. Eu fui contratada. E fui ficando. Cresci aqui dentro, me tornei diretora de RH e, mais de 12 anos depois, ainda estou aqui. O trabalho não foi tão temporário, afinal!

Não demorei muito para descobrir que o departamento de RH da Zappos é como nenhum outro departamento de RH que já encontrei. É divertido e um pouco estranho, assim como eu. E é baseado em realmente colocar o "humano" em recursos humanos.

Quando contratamos pessoas alinhadas com nossos valores e os valores da empresa, as coisas simplesmente se encaixam – para o funcionário *e* a empresa.

Então, como descobrimos quem contratar?

Primeiro, fazemos tudo com calma. Afinal, se nossos funcionários são nosso maior recurso, só faz sentido dedicarmos um grande esforço para encontrar as pessoas certas para a empresa. No momento em que nossos recrutadores começam a conversar com os candidatos, desde o primeiro telefonema ou e-mail até várias rodadas de entrevistas, eles mencionam os Valores Fundamentais e fazem perguntas baseadas em comportamento para ver se os candidatos compreendem e se alinham com esses valores. Miramos direto em ótimo atendimento ao cliente e falamos sobre entender mudanças, ser humilde, correr riscos e estar pronto para aprender. Nosso processo de contratação não se resume aos currículos. Ele tem relação com descobrir quem são esses candidatos como seres humanos.

Quando chegamos a uma fase final de decisão, os candidatos passam o dia – às vezes vários dias – no local, conhecendo toda a empresa. Eles realizam visitas ao campus para que possam ver nossos valores em ação. Eles se juntam a nós para almoços e *happy hours* após o trabalho, para que possamos ver como eles interagem com outros funcionários.

Depois que eles são contratados, nós os submetemos a um extenso treinamento para novos contratados e ao processo de integração. Não estamos falando de um ou dois dias. Nosso processo de integração leva quatro *semanas*! Quatro semanas em que nossos novos zapponianos se aprofundam em nossa história, em nossos valores fundamentais e em quem somos como empresa. E essa integração é, na realidade, uma extensão do processo de contratação. Se decidirmos, no final dessas quatro semanas, que eles simplesmente não se encaixam em um ou mais de nossos valores fundamentais, informamos aos candidatos que eles estão dispensados. E, se eles próprios não acharem que são adequados para a Zappos, queremos que também se sintam à vontade para ir embora. Queremos realmente que nossos funcionários em potencial se perguntem: "É isso mesmo o que eu quero? Eu me inscrevi para a coisa certa? Trabalhar na Zappos realmente vai me fazer feliz?". E queremos que eles se façam essas perguntas *antes* de se entrincheirarem, *antes* de acabarem trabalhando por seis, oito, dez meses ou um ano em um lugar de que não gostam de verdade, apenas para pedirem demissão e nos colocarem de volta à estaca zero, precisando preencher a vaga.

Como convencemos nossos novos recrutas a fazer tudo isso?

Nós fazemos a eles uma oferta para sair no final do treinamento e, se eles optam por aceitar essa oferta, recebem um mês de salário. É um processo caro? Sim e não. Um pequeno percentual de novas contratações decide desistir. E nós descobrimos que isso na realidade é econômico, porque não estamos apenas contratando pessoas. Estamos contratando as pessoas *certas*. Pessoas que têm a mentalidade do serviço em primeiro lugar. Pessoas que querem estar aqui porque nós também nos encaixamos com elas e que, na maioria dos casos, permanecerão na empresa por muito tempo, assim como eu, e poderão melhorar nossa empresa com o trabalho duro que todos dedicamos desde o início.

Christa Foley
Diretora de visão de marca, Diretora de aquisição de talentos e Diretora de treinamento de cultura externa
Cheguei atrasada à festa com Game of Thrones, mas adoro isso.

Ao longo dos anos, desenvolvemos uma longa lista de perguntas em torno de cada um de nossos valores fundamentais, e elas nos ajudam a determinar se alguém vai se alinhar com nossos valores fundamentais e se encaixar em nossa cultura ou não. Quero dizer, alguém que seja muito rígido, que não consiga se adaptar a mudanças, que queira viver conforme as velhas regras corporativas padrão... eles definitivamente não se encaixam aqui, certo? É importante captar esse tipo de sinal desde o início. E nós descobrimos que é possível ganhar muito fazendo perguntas fora do comum, como

O PODER DAS PESSOAS

"O quanto você se considera uma pessoa de sorte?" ou "Se toda vez que você entrasse em um ambiente tocasse uma música-tema, qual ela seria e por quê?". Essas perguntas peculiares podem levar a conversas sérias e lançar uma luz sobre os valores de uma pessoa.

Também decidimos há muito tempo que o ajuste cultural *sempre* supera um ajuste técnico na contratação. Só porque alguém é ótimo em seu trabalho em um momento em particular não significa que ele será uma boa alternativa quando os sistemas mudarem, ou as práticas mudarem, ou o mercado mudar, ou nos mudarmos para um novo local, ou qualquer que seja a mudança à qual ele possa ter de se adaptar. Se "abraçar e impulsionar a mudança" não é algo que uma pessoa valorize, ela não vai gostar de trabalhar na Zappos – e não terá muito sucesso aqui.

Principalmente, porém, nós queremos garantir que nossos novos contratados entendam o que queremos dizer com atendimento ao cliente. Que um "cliente" é qualquer pessoa com quem ele entre em contato, incluindo colegas de trabalho. O fato de que uma pessoa é capaz de interagir com um computador não significa que ela esteja concordando com "entregar UAU através de serviços" para seus colegas seres humanos no escritório ou em outro lugar. É importante que vejamos quem ela é, como uma pessoa autêntica, para saber se seus valores fundamentais são alinhados com os nossos.

Maritza Lewis
Equipe de envolvimento
Meus pais têm cinco filhas, mas eles decidiram batizar o restaurante deles com o meu nome. Acho que sou a favorita. :P

"Cultura", aqui, não tem a ver com se acomodar. Nós valorizamos a diversidade. Valorizamos a individualidade e o crescimento pessoal. Esta foi a razão pela qual fiquei e assumi papéis diferentes aqui nos últimos 12 ou 13 anos (assim como Hollie e tantas pessoas que ficaram): porque a Zappos me valoriza como uma pessoa inteira e quer que eu floresça.

Não esperamos que todos sejam iguais. De jeito nenhum! Mas a coisa mais importante na construção de uma força de trabalho e na contratação das pessoas certas é descobrir: como essas pessoas vão trabalhar juntas, e trabalhar juntas extremamente bem, para oferecer um ótimo serviço e fazer sua empresa crescer?

MEGAN
Detesto usar sapatos quando estou ensinando.

VERONICA
Eu acredito que todas as lições de vida podem ser aprendidas vendo My Little Pony: a amizade é mágica.

STEPHANIE
Eu adoro praticar boxe e tentar convencer as pessoas a fazerem aula de boxe comigo.

Megan Petrini, Veronica Montanez e Stephanie Hudec
Integração

VERONICA O motivo pelo qual temos expectativas ridiculamente altas durante o treinamento e a contratação de novos funcionários é que a cultura da empresa, na verdade, se resume a uma coisa: relacionamentos. Nossa empresa não é compartimentada. Nós trabalhamos muito, muito duro para garantir que não fiquemos isolados uns dos outros à medida que continuamos a crescer.

Por isso, todos precisam ter a mesma base. É preciso estar aqui todos os dias. É preciso mostrar que sabe gerenciar bem o tempo. É preciso passar por um exame final, assim como todo mundo. É preciso passar por uma verificação de qualidade, assim como todo mundo. É preciso atender telefone, independentemente do cargo para o qual está sendo contratado, para mostrar que é a opção certa para a empresa, não apenas para um departamento.

> *A cultura da empresa na verdade se resume a uma coisa: relacionamentos. Nossa empresa não é compartimentada. Nós trabalhamos muito, muito duro para garantir que não fiquemos isolados uns dos outros à medida que continuamos a crescer.*

Embora o processo de recrutamento seja longo e a avaliação seja criteriosa, nosso treinamento para novos contratados é basicamente a última parada. Porque é durante um mês de treinamento que vemos quem as pessoas realmente são. É quando descobrimos se o candidato é alguém que abusa de uma política de frequência, que tenta se livrar de tarefas ou que na realidade não trabalha bem em equipe.

É engraçado porque, por volta da segunda semana, muitos dos *trainees* estão dizendo: "Nós vamos morrer aqui". Parece muito longo. Mas, na quarta semana, as pessoas pensam: "Não acredito que vamos nos formar na sexta-feira!". Supondo que sejam candidatos que se encaixam bem na empresa, eles terão construído ótimos relacionamentos e feito amizades e estarão de fato encarnando os fundamentos da nossa cultura. E, se não se encaixarem bem, nós pagamos para eles saírem. E isso é um ótimo negócio para todos os envolvidos.

MEGAN   A base acaba sendo "Você faz parte da equipe". Nós fazemos muita formação de equipes, como uma brincadeira de escola em que os alunos trabalham em equipes para criar uma engenhoca para segurar e proteger um ovo e, em seguida, os ovos são largados do segundo andar do prédio para ver quais não se quebram. Essas atividades parecem divertidas no começo, mas elas não são *apenas* divertidas. Nós aprendemos nossos valores fundamentais fazendo. Então, entra em jogo o "fazer mais com menos", todo o espírito de equipe e família de que falamos.

STEPHANIE   Muitas atividades de formação de equipes são cronometradas, então, não há tempo para pensar no que pode dar errado. Isso trata de outra coisa que adoramos aqui na Zappos: "Não pense em como algo não vai dar certo. Imagine a coisa feita, imagine ela funcionando e faça o caminho contrário a partir dali". Nós queremos que eles adquiram o hábito de experimentar coisas novas, sem medo, construindo a partir das ideias uns dos outros e aprendendo com os fracassos uns dos outros.

VERONICA   No final do treinamento, há um desfile de escritórios, pessoas vestindo fantasias e passando pelo campus. O foco é divertir e deixar claro para as pessoas que não há problema em serem elas mesmas aqui. Quando colocamos as pessoas no telefone, queremos que elas sejam elas mesmas, e é isso que as ajuda a se relacionar com nossos clientes com autenticidade. A pessoa pode estar atendendo telefones ou ser o CFO (Chief Financial Officer) da empresa, não importa qual seja o cargo, nós queremos que ela ofereça a experiência Zappos 100% do tempo. E ela fará isso da sua maneira única. Não existe uma fórmula a seguir. Mas, fornecendo a base do treinamento, sabemos que poderá representar a empresa em todas as interações apenas por ser ela mesma.

MEGAN   Essa é justamente a última conversa que temos com os novos contratados, logo após eles se formarem. Nós os chamamos de volta para a sala de aula e reforçamos: "Você teve essa imersão total na cultura Zappos, para realmente entender do que se trata. Mas, agora, é você que vai dar continuidade a isso. Ninguém mais pode forçar isso a acontecer. Você só precisa garantir que vai continuar."

Nosso trabalho acabou quando eles estão com as ferramentas certas para fazer isso por conta própria.

VERONICA   Também é incrível ver as pessoas relaxarem. Alguns vêm de uma experiência corporativa e aparecem no primeiro dia de camisa abotoada e calças compridas, pensando se tratar de uma aparência casual. E, até o final do treinamento para novos contratados, eles estão usando a camiseta da banda favorita. É uma metamorfose. E é muito mais do que a forma como eles se vestem. A metamorfose libera a criatividade e a empolgação dessas pessoas. Elas percebem que sua individualidade é realmente valorizada aqui. Que é importante para a Zappos que elas tragam as coisas exclusivas delas, aquilo que ninguém mais pode trazer.

MEGAN   De verdade, se há algo de que ninguém pode nos acusar é de julgar um livro pela capa.

> *Ironicamente, a equipe que trabalhou neste livro passou por centenas de versões diferentes da capa, com várias fontes, layouts e descrições – sobre as quais eles pediram opiniões a Christa e a mim, porque ambos detemos a função de visão de marca. A certa altura, todos começaram a ficar confusos, então eu disse para eles pararem de me pedir conselhos e fazerem o que achassem que estava certo. Espero que você goste da capa.*

54   O PODER DO UAU

Por que faríamos isso? Queremos que toda a empresa funcione e, para isso, precisamos olhar para cada indivíduo que estamos contratando. Não apenas para a roupa que ele está vestindo ou o currículo que apresenta, mas para a pessoa inteira. Queremos valorizar a totalidade da pessoa que estamos trazendo para nossa família.

Johnnie Brockett
Tesouraria e contas a receber
Eu era muito ruim em matemática. Agora trabalho na tesouraria.

Vou dizer logo de cara que reconheço que muitas empresas nem pensariam em me contratar apenas por causa da minha aparência. Eu tenho tatuagens e dentes de ouro. Eu não tenho a aparência de um "funcionário corporativo" típico.

Eu cresci em Fayetteville, na Carolina do Norte, onde fica o Fort Bragg do Exército. É uma cidade difícil, cara. Eu me encaixo bem, lá. Mas, ao entrar no RH na maioria das empresas, eu percebia que eles fechavam a porta para me contratar antes mesmo de eu dizer meu nome.

Na Zappos foi uma história diferente. Eles se preocupam com o que a nossa mente pode fazer, com o quanto nós nos importamos com os outros e se valorizamos fazer a coisa certa, a coisa honesta. Porque tudo isso é muito mais importante do que a aparência de uma pessoa.

A aparência pode enganar.

Um exemplo: cerca de duas semanas depois de eu começar, ainda estávamos na aula e fomos convidados para uma reunião no Downtown Cocktail Room. Estávamos sentados a uma grande mesa, e todos vestiam tênis All-Star e camisetas da Zappos.

Mal sabia eu que estava sentado lá com alguns líderes de equipe, gerentes e executivos. Todo mundo. E nós estávamos simplesmente passando um tempo juntos! Esta empresa é assim.

Também é incrível quanta confiança eles passaram a depositar em mim ao longo dos anos. Eu cresci aqui de uma forma que nunca imaginei para mim. Eu passei zero ano na faculdade. Zero! Toda a minha formação em termos de negócio foi aqui no trabalho. Eu fui promovido. Fui promovido para cargos onde eu era necessário. E na semana passada mesmo eu estava lidando com um quarto de bilhão de dólares em transações. Apenas eu. Ninguém mais.

Bhawna Provenzano
Diretora de benefícios e bem-estar
Eu viajei para mais de 15 países e mal posso esperar para a nossa próxima aventura!

Nós contratamos funcionários que se importam, que querem fazer a diferença, e consideramos nosso trabalho oferecer benefícios que façam a diferença para nossos funcionários e também mostrem a eles que nos importamos.

Antes de mais nada, queremos remover o máximo possível de barreiras para nossos funcionários. Queremos garantir que eles sejam cobertos caso ocorram eventos catastróficos. Queremos ter certeza de que os cuidados médicos e os custos associados a eles nunca os levarão à falência. Mas isso é apenas o começo. Nós queremos que nossos funcionários se sintam seguros. Que eles se sintam saudáveis. Se sintam cobertos, para não precisarem se preocupar todos os dias com coisas básicas. Nós tomamos a decisão consciente de dizer: "Muito bem, nós vamos pagar mais e gastar mais em benefícios, e vamos fazer isso de propósito. Conscientemente." E, como qualquer outra empresa, precisamos estar atentos aos custos, certo? Mas isso não é o mais importante para nós.

Nossos funcionários são o mais importante.

Nossos funcionários, além de nossos valores fundamentais e da nossa cultura, são nosso norte.

Por que não iríamos querer impressioná-los?

Por isso, além de oferecer os melhores planos de assistência médica possíveis, com licença extensiva de maternidade e paternidade e, sinceramente, o tipo de suporte com o qual tantas pessoas sonham em outras empresas, nós oferecemos todos os tipos de benefícios no local também. Por exemplo, a empresa paga por adoções de animais de estimação. Trazemos um monte de cachorrinhos para a empresa e deixamos os funcionários brincarem com eles como uma coisa divertida e relaxante, e, se alguém se conectar muito com algum dos cachorros e quiser levá-lo para casa, nós pagamos a taxa de adoção. Isso pode parecer fútil no mundo corporativo, mas a ideia veio de um funcionário, e as pessoas adoram isso!

Cerca de 90% de nossas ideias de benefícios e bem-estar vêm do feedback dos funcionários. Eles mandam um e-mail dizendo: "O que vocês acham disso? Que tal aquilo?". E, muitas vezes, experimentamos novas ideias simplesmente porque podemos. Simplesmente porque queremos oferecer o melhor serviço possível aos nossos funcionários.

Nós pagamos as taxas de inscrição para funcionários que queiram correr maratonas ou corridas de 5 km por uma causa.

Há aulas de fitness aqui durante o horário de trabalho. Os funcionários podem adquirir planos de preparação de refeições para eles e suas famílias. Temos um espaço ao ar livre onde as pessoas podem participar de jardinagem comunitária.

Maritza Lewis
Equipe de envolvimento

Meu marido e eu nos conhecemos no trabalho antes de virmos para a Zappos, mas não ousamos namorar em nosso trabalho anterior. Era proibido. Aqui? Existem muitos casais. Namorar colegas de trabalho não é algo desestimulado. Quero dizer, as pessoas entendem que não devem levar isso ao extremo e se beijar na frente dos colegas de trabalho, e esse tipo de coisa, mas não há regras quanto a isso. Somos todos adultos. Como a Zappos é muito cuidadosa durante o processo de contratação para encontrar pessoas que meio que "entendem", que se encaixam na cultura, que querem fazer o que é certo pelas pessoas ao seu redor, isso simplesmente funciona.

Uma das minhas funções aqui é ensinar oito horas da história da empresa durante o treinamento de novos contratados, e eu até falo sobre esse negócio de namoro como parte da história da empresa. Nosso fundador, Nick Swinmurn, conheceu a mulher dele, Gabby, aqui. Quando Nick começou a namorar Gabby, uma de nossas representantes de RH na época o puxou para uma sala e disse: "Nick, o que diabos você está fazendo? Você é o fundador desta empresa. Você não pode namorar suas funcionárias!". E ele ficou tipo: "O quê?".

A representante de RH disse: "Isso pode dar certo e você acaba se casando com ela, ou – *ou* – isso pode dar muito errado e ela vai ficar com tudo o que é seu!". Então, Nick olhou para ela e disse que preferia supor que algo positivo iria acontecer a focar no pior resultado possível.

Nick e Gabby realmente se casaram, de fato, e eles têm um filho. Hoje, há muitos outros casais aqui na Zappos que trabalham lado a lado, em alguns casos, e em departamentos diferentes em outros. A única política que temos é que você não pode namorar alguém a quem responda diretamente ou vice-versa.

Quando contratamos funcionários em quem confiamos, que se encaixam na cultura da empresa, podemos confiar que eles farão a coisa certa.

Acho que uma das coisas mais exclusivas que descobri sobre o trabalho aqui na Zappos é que 20% do nosso tempo é realmente destinado a criar relacionamentos e vínculos com os colegas de trabalho e colegas de outras equipes de toda a empresa. Não vemos isso em muitas organizações, porque, na maioria das empresas, se não estamos sentados no nosso posto, adivinhe só? Vamos ter problemas. Mas, aqui, o local foi construído de tal forma que todo o campus tem wi-fi. Há lugares para trabalhar por toda parte. Somos ensinados que não há problema em não ficarmos na própria mesa. Na verdade, *preferimos* que as pessoas não fiquem em suas mesas.

A pessoa pode fazer as unhas, pintar cerâmica, trocar o óleo ou lavar o carro enquanto fica no estacionamento o dia todo, em vez de gastar tempo fazendo essas coisas depois do trabalho ou no fim de semana. Ter uma academia no local é importante para muitos funcionários. Temos chuveiros para serem usados durante o trabalho. E até as aulas de fitness contribuem para a formação de equipes. Há equipes inteiras que se reúnem e se divertem com aulas de ioga e dança no meio do expediente.

Tudo tem relação com remover barreiras para o funcionário. Estamos pensando holisticamente quando oferecemos essas coisas. Tudo tem a ver com serviço. Tem a ver com "o que podemos fazer para melhorar a vida dos funcionários?".

Isso inclui pagar pelo máximo de cobertura e tantos benefícios quanto possível para as famílias de nossos funcionários. Porque, se alguém estiver preocupado com a saúde do cônjuge ou do filho, isso afetará sua capacidade de se concentrar no trabalho e, em última instância, de prestar um ótimo serviço aos nossos clientes e atender aos interesses de nossos negócios. Quando surgiu a lei de assistência acessível (Affordable Care Act, ACA), nós já estávamos fazendo a maior parte do que ela determina em relação às famílias, o que significou que tivemos de fazer pouco ou nenhum ajuste para cumprirmos a nova lei. Nós já estávamos fazendo essas coisas porque eram as coisas certas a fazer. Fiquei sabendo de dificuldades reais que ocorreram em outras empresas. Houve um custo enorme envolvido na tentativa de entrar em conformidade, perda de produtividade, muita confusão. Para nós, foi fácil. O que apenas mostra que não é difícil cuidar de nossos funcionários e fazer a coisa certa para eles. Não é oneroso. Na verdade, é mais fácil e mais econômico a longo prazo!

A vida não termina quando vamos para o trabalho, e o sentimento de trabalhar para a família Zappos, sobre a qual falamos muito aqui, não deve terminar quando voltamos para casa.

Eu não acho que seja coincidência que o Google, o Facebook e algumas das empresas mais lucrativas e de crescimento mais rápido dos Estados Unidos tenham escritórios bonitos e fortes planos de benefícios. Mas essas empresas ainda são poucas e raras. Na Zappos, é "muito trabalho, muita diversão". Quero dizer, os brinquedos no escritório, as salas de soneca, os eventos divertidos que realizamos toda semana, o bar que construímos no campus, os benefícios adicionais são os que ganham destaque nos artigos das revistas. Mas as pessoas não olham muito para o outro lado disso, que é o trabalho incrivelmente difícil que as pessoas fazem aqui para manter e expandir essa empresa todos os dias.

> *A provocadora e criadora do bar em nosso saguão é Letha Myles, que é uma de nossas guias, mas também trabalha fora do expediente como bartender no centro de Las Vegas. Ela também ama Prince (ou o artista anteriormente conhecido como Prince) mais do que a própria vida. (Fãs de Uma Linda Mulher: viram o que eu fiz aí?☺) Enfim, Letha criou o nome perfeito para o bar: 1999 (a Zappos foi fundada em 1999, para quem estava prestando atenção).*

Nós não estaríamos onde estamos depois dos primeiros 20 anos sem muito trabalho incrivelmente difícil, e acho que ninguém trabalharia tanto se não fosse pela sensação de suporte de verdade que a empresa oferece. Isso vale para os dois lados.

Coisas pequenas não são fúteis. A verdade é que, se alguém pode vir lavar seu carro e trocar o óleo enquanto você estiver aqui no trabalho, você pode passar esse tempo no fim de semana com sua família, para se concentrar verdadeiramente em viver a vida quando está em casa e não perder um fim de semana inteiro resolvendo questões pessoais. Então, você pode voltar ao trabalho na segunda-feira de manhã e não sentir que perdeu a chance de estar com sua família por ter ficado preso em um escritório o dia todo, sem poder deixar sua mesa. É apenas uma maneira diferente de ver as coisas. E os benefícios disso para a empresa e para nossos clientes são enormes em comparação com o custo nominal associado a algumas dessas coisas.

Faça o certo por seus funcionários, e eles farão o certo por você.

Se nossos funcionários são realmente nosso recurso mais importante, faz sentido tratá-los de acordo. Queremos que eles se sintam impressionados com a cultura de nossa empresa, da mesma forma que queremos que os clientes que pagam por nossos produtos se sintam encantados com ela. Por isso, fazemos o máximo possível.

Parece simplesmente bom senso, não é? Faça o certo por seus funcionários, e eles farão o certo por você.

3
INDIVIDUALIDADE BEM-VINDA

Jeff Lewis
Tecnologia de atendimento ao cliente

Um dia, recebi uma ligação de um cliente perguntando sobre a nossa "Piada do Dia". Ele explicou que ele era supervisor de zeladoria na estação de pesquisa McMurdo (na Antártida, de todos os lugares) e que, toda segunda-feira, a equipe dele telefonava para nossa linha principal durante a reunião semanal para ouvir nossa Piada do Dia. Ele disse que nossas piadas eram o ponto alto da reunião da equipe e que eles queriam saber se podiam contribuir com algumas piadas. Nós as aceitamos e, uma semana depois, começamos a reproduzir as piadas que eles enviaram.

Mais ou menos um mês após essa interação, recebemos uma grande caixa cheia de doces da equipe de zeladoria de McMurdo, cheia de diversos tipos de doces do mundo todo. A caixa demorou tanto tempo para vir da Antártida que parte dos doces estava vencida quando chegou, mas nunca me esqueci da boa vontade demonstrada pela equipe de McMurdo.

Loren Becker
Equipe de comunidade
Eu tenho sindactilia.

Foi um de nossos funcionários que teve a ideia de oferecer uma opção "Piada do Dia" em nossa linha de atendimento ao cliente, e isso já dura anos: qualquer pessoa que ligar, pode optar por ser levada à "Piada do Dia" antes de se conectar à equipe de fidelização do cliente, se assim o desejar.

> *Hum, Loren... acho que foi, hum, ideia minha, por causa do meu histórico de infância de ligar para o número das piadas sem saber que as chamadas não eram de graça. No meu livro* Satisfação Garantida, *eu escrevi:*
>
>> *Perguntei se alguém tinha ouvido falar dos números de piadas. Eu via um monte de anúncios na TV para diferentes números do tipo. Era possível ligar para um deles, por exemplo, para ouvir a piada do dia, ao custo de 99 centavos de dólar por ligação. Então, tentamos ligar para o número e ouvimos uma piada que não era muito engraçada. Daí tentamos ligar para o número novamente para tentar obter uma piada melhor, e tudo o que eles faziam era repetir a mesma. Em retrospecto, acho que fazia sentido, já que era para ser a piada do dia, não a piada do minuto.*

Não era uma ideia de marketing. Não foi algo criado para reduzir as chamadas para economizar no nosso orçamento de ligações gratuitas (é claro, pois isso aumenta a duração das chamadas). A Piada do Dia não resulta em aumento de compras, pelo menos não diretamente. Foi só algo divertido de fazer. Uma maneira de informar aos clientes que somos um lugar único e divertido para se entrar em contato, e talvez até uma maneira de aliviar a tensão, se quem está ligando estiver tendo um dia ruim – o que pode incluir o fato de que algo estava errado com o pedido, e agora a pessoa está gastando seu valioso tempo ligando para o atendimento ao cliente na Zappos.

Acontece que somos peculiares aqui, e queremos que as pessoas saibam disso. Nossos funcionários têm a liberdade de contar piadas, enviar cartões, presentes, conversar com quem estiver ligando, com vendedores ou fornecedores por horas e horas, se eles estiverem tendo um bom papo. Eles têm a liberdade de serem eles mesmos. E a liberdade é uma coisa muito rara no local de trabalho, não é?

Quando as pessoas visitam nosso campus no centro de Las Vegas

que também vem a ser a antiga prefeitura de Las Vegas

– e elas vêm, aos milhares, é uma loucura! –, ficam animadas com o que veem. Tipo, com o bar que construímos ao lado do saguão de entrada, ou com funcionários jogando videogame e Skee-Ball no fliperama da empresa no meio do dia. Eles veem os funcionários parando na loja de conveniência do saguão, pegando alguns itens aleatórios que esqueceram em casa e dos quais precisam agora e desejam poder fazer o mesmo em seus próprios locais de trabalho.

A liberdade e a autonomia que damos aos nossos funcionários não é uma frivolidade. É algo proposital. Nós queremos que todos aqui saibam que têm permissão para usar seu melhor julgamento, para fazer as coisas por conta própria sem pedir permissão. Que eles podem se arriscar e tentar novas ideias

INDIVIDUALIDADE BEM-VINDA   65

sem pensar "ah, se eu correr esse risco e não der certo, posso ser demitido".

Se fôssemos uma empresa totalmente nova, uma startup, acho que seria possível ignorar essas peculiaridades e considerá-las como algo que não funcionaria em nenhum outro lugar, e nossos críticos certamente fizeram isso nos primeiros dias. Mas já estamos por aqui há tempo suficiente para ter um histórico significativo, e acho que cada vez mais pessoas estão observando esse nível de liberdade que oferecemos à nossa equipe e pensando: "Hum, talvez exista algo em tudo isso".

> *A liberdade e a autonomia que damos aos nossos funcionários não é uma frivolidade. É algo proposital. Nós queremos que todos aqui saibam que têm permissão para usar seu melhor julgamento, para fazer as coisas por conta própria sem pedir permissão.*

A liberdade de expressão e a autonomia geral que fazem tanta parte da nossa cultura não são apenas importantes no local de trabalho. Elas são importantes na forma como prestamos serviços aos nossos clientes. Sabemos de fato (porque às vezes tentamos regular as coisas de uma maneira que não era "nossa") que, se ficarmos tensos, fechados ou regulados demais, nossa equipe de fidelização de clientes – as pessoas nos telefones, que ficam na linha de frente e compartilham experiências com nossos clientes – não oferecerá a mesma energia. Se eles estiverem infelizes, se estiverem se sentindo presos, parecerão infelizes e tensos ao telefone. Por outro lado, se eles acabaram de voltar da nossa Terça de Tacos, estarão no clima "ah, nossa, obrigado por ligar, como foi o seu dia?". A energia que recebemos do escritório é transferida para o cliente. E o círculo se fecha.

Isso não quer dizer que não tenhamos regras aqui. Nós temos diretrizes. Quero dizer, carros não podem andar pelo lado esquerdo da estrada, certo? Existem limites de velocidade. Definitivamente há diretrizes na vida que ajudam todos a desfrutarem de suas liberdades sem serem jogados para fora da estrada e destruírem os carros uns dos outros. E essas diretrizes mudam e se adaptam ao longo do tempo, com certeza. Quando comecei a trabalhar ao telefone 14 anos atrás, havia um pouco mais de liberdade para dar coisas de graça, ou a sensação de: "Cara, se eles tiverem o menor problema, nós damos os sapatos!". Nosso volume é tão grande agora que precisamos recuar um pouco nessa liberdade específica que damos aos nossos funcionários da equipe de fidelização do cliente. Mas, da última vez que fiquei ao telefone por algumas horas, dei a uma senhora um par de sapatos durante uma conversa, porque era a coisa certa a fazer. É que nem toda chamada de atendimento ao cliente garante uma resposta tão grande. Um cupom ou uma simples troca, ou mesmo apenas um pouco de gentileza e compreensão fazem muita coisa. Mas não consigo pensar em uma única vez ou em uma única maneira pela qual tenhamos retirado a liberdade de nossos funcionários de fazer escolhas e "fazer a coisa certa" de maneira importante, em todos esses anos.

Enquanto seguirmos com nossos valores fundamentais e mantivermos os serviços em primeiro lugar em tudo o que fizermos, tudo dará certo. De verdade. Tudo. Mesmo que algo dê errado a curto prazo, a longo prazo? Esta fórmula funciona, e funciona muito bem.

Kelly Smith
Marketing experimental e estratégia de marca

Uma vez, eu segurei um cérebro humano nas mãos! Foi uma das experiências mais estranhas e legais que eu já tive.

Eu gosto de pensar em responsabilidade como "reposta-habilidade" – a habilidade de responder. Damos a cada um de nossos funcionários o verdadeiro poder de tomada de decisão, permitindo que eles liderem com o coração e demonstrem empatia ao interagir com os clientes como representantes confiáveis de nossa empresa. Realmente não há roteiro. Quando se trata de tomar a decisão certa, incentivamos nossos funcionários a seguirem o próprio coração e a sempre "fazerem a coisa certa", sem precisar consultar um gerente ou passar por algum comitê antes disso. Ao telefone, isso significa oferecer aos clientes mercadorias gratuitas ou a preço reduzido para compensar erros imprevistos ou, às vezes, apenas para colocar um sorriso no rosto deles. Isso pode significar o envio de cartões ou flores para clientes que precisam de uma ajuda. Prevemos tudo isso no orçamento, porque sabemos que é importante. Não apenas porque dá uma sensação boa e faz com que nossos clientes se sintam bem, mas porque é bom para os negócios.

Um pouco de empatia consegue muita coisa, e nossos números de fidelidade do cliente confirmam isso. Acompanhamos comentários em todos os tipos de mídia social para medir os promotores e os detratores da Zappos on-line e, embora nosso setor costume obter cerca de 60% de respostas positivas, nós rotineiramente obtemos cerca de 90% de reações positivas. Também temos uma classificação A+ no Better Business Bureau. E, em nossas próprias pesquisas internas, rotineiramente descobrimos que mais de 98% dos clientes "sentem que o membro da família Zappos com quem você interagiu se importa genuinamente com você e com seu motivo para entrar em contato conosco".

Genuinamente! Nós procuramos funcionários que realmente se importem, que queiram tornar o mundo um lugar melhor. E oferecer experiências positivas ao cliente, de fato, faz do mundo um lugar melhor. Em algum momento, os departamentos de atendimento ao cliente desenvolveram uma má reputação. Na minha opinião, muitas empresas tomaram a péssima decisão de ir em busca de lucros a curto prazo, em detrimento dos ganhos a longo prazo em tratar os clientes da maneira como eles mesmos gostariam de ser tratados. E o resultado é que, em todos os Estados Unidos, as pessoas se preparam para uma briga sempre que precisam pegar um telefone e pedir ajuda, mesmo quando pagaram bastante dinheiro por alguma coisa e a empresa do outro lado da linha está claramente em falta por não ter cumprido o prometido. (Existe alguém que não tenha tido uma péssima experiência de atendimento ao cliente com a empresa de TV a cabo, uma companhia aérea ou algum outro grande setor do qual dependemos para termos serviços que precisamos que funcionem em casa e no trabalho?)

Uma ligação ruim para um setor de atendimento ao cliente pode estragar um dia inteiro. Todos sabemos disso.

Mas um ótimo atendimento ao cliente? Com alguém que realmente se importa e com capacitação para cuidar de você da maneira que você deve ser cuidado? Isso pode melhorar um dia inteiro. E quem é tratado corretamente costuma comentar isso com a família e os amigos. Eles voltam como clientes recorrentes, de forma considerável. (Não é uma conjectura. Nós medimos isso. No próximo capítulo, nosso COO explicará o tamanho desse retorno do investimento.) E eles muitas vezes passam isso adiante.

Lauren Pappert
Equipe de fidelização de clientes

Um dia, recebi uma ligação de um cliente que mencionou que ele era um comediante que se apresentava em Washington, D.C. Antes de começar o atendimento, perguntei a ele: "Você é engraçado?". Eu estava tentando fazer uma gracinha, mas acho que não deu certo. Ele deu uma risada e disse que esperava ser engraçado, porque subiria ao palco em seguida. Quando ele falou sobre seu pedido, logo percebi que era um comediante famoso que havia atuado em muitos dos meus filmes favoritos. Que estranho! Aconteceu que ele não havia conseguido receber uma encomenda no hotel a tempo do show de sábado, então ele queria cancelar o pedido. No verdadeiro estilo da Zappos, eu o avisei que daríamos um jeito de fazer a entrega. Pesquisamos por tudo e encontramos exatamente os mesmos sapatos disponíveis na Amazon com entrega no sábado. Ele ficou em êxtase e fez o pedido on-line antes mesmo de desligarmos! A Zappos pode não ter entregado os sapatos dele, mas entregou uma conversa leve, uma solução focada nas necessidades dele e felicidade.

Espero que ele tenha feito um show muito bom naquela noite e tenha feito muita gente sorrir. E adoro imaginar que talvez nossa troca tenha desempenhado um pequeno papel nisso.

Não é brincadeira: a gentileza é contagiante!

Confira essas histórias (nas caixas em destaque) de chamadas reais com clientes da Zappos para entender o que quero dizer.

Hollie Delaney
Diretora de Recursos Humanos
Eu sou uma grande fã do time de hóquei Vegas Golden Knights! Eu vou a todos os jogos em casa e a muitos jogos fora.

Tudo tem a ver com confiança. Na Zappos, gerenciamos os 95% das pessoas que farão as coisas corretamente. Em outras empresas, o RH trata de gerenciar os 5% que farão as coisas erradas e garantir que a empresa esteja protegida desses 5%, o que significa assumir automaticamente que basicamente todo mundo fará as coisas do jeito errado.

A abordagem aqui é totalmente diferente. Nós realmente confiamos que as pessoas farão a coisa certa. Começamos supondo uma intenção positiva, o que significa que não precisamos impor muitas regras e políticas. E adivinha só? Não vejo mais problemas ou reclamações aqui do que em uma empresa com todo tipo de regras tradicionais em vigor. Tenho métricas para comparar, como "Quantas reclamações recebi?" ou "Quantos problemas eu tinha no mundo antigo de RH x quantos problemas tive aqui?". E, na verdade, há menos problemas aqui do que

> *Nós confiamos que as pessoas farão a coisa certa. Começamos supondo uma intenção positiva, o que significa que não precisamos impor muitas regras e políticas.*

INDIVIDUALIDADE BEM-VINDA

quando tínhamos todas as políticas e procedimentos em vigor em meus antigos empregos.

Então, em vez de passar 95% do meu tempo atendendo a questões de conformidade para lidar com os 5%, passo quase todo o meu tempo aqui trabalhando na coisa mais importante, que é como fazer dessa empresa um lugar onde os funcionários *queiram* trabalhar.

Jeff Espersen
Diretor de Merchandising

Uma vez, durante as festas de fim de ano, uma senhora ligou gritando porque seus pacotes haviam sido roubados. Eu precisei segurar o telefone longe da orelha até que ela me desse um momento para falar. Aquela senhora estava pronta para uma briga, e acho que, se eu estivesse trabalhando em alguma outra empresa, talvez a tivesse interrompido e começado a questioná-la: "Você tem alguma prova de que os pacotes foram roubados? Como sei que isso não é uma fraude e você só quer mais botas?" (ela estava dizendo que três pares de botas haviam sido roubados do local onde o serviço de entrega os havia deixado).

Mas estamos falando da Zappos. Nossa empresa confia que vamos fazer a coisa certa e, da nossa parte, nós confiamos que nossos clientes também não estão tentando nos enganar. Então, eu disse: "Certo, lamento saber que eles tenham sido roubados. A senhora tem as informações do pedido? Sabe o que havia nos pacotes? Vamos ver se temos os mesmos produtos em estoque". Eu apenas cuidei dela e enviei as coisas novas de graça. Ela não esperava por isso. No final da ligação, ela disse: "Uau, como foi... foi fácil".

Ela ficou muito feliz em saber que as substituições pelas botas roubadas estavam a caminho, compensando toda a raiva que ela havia sentido. E não tenho dúvida de que contou a história a todos que conhece. E aposto que ela ainda conta essa história sempre que usa essas botas.

Quanto isso nos custou? Não muito, no quadro geral. Mas essa boa vontade faz muita diferença. Até eu me senti melhor depois dessa ligação, como se tivesse feito algo de bom e tornado o dia de alguém muito melhor.

A CONFIANÇA EM AÇÃO

Tyler Williams
Diretor de Brand Aura
Meu salgadinho favorito são as fritas de jalapeño da Tim's Cascade.

Estou aqui há cerca de oito anos. O emprego mais longo que já tive. E uma das minhas histórias favoritas aconteceu quando eu estava no plantão de ajuda de fim de ano. É quando todos os funcionários da Zappos trabalham ao telefone durante as festas de fim de ano para aliviar parte da pressão sobre a equipe de fidelização de clientes. E eu quero dizer todos os funcionários, até o topo. É incrível, porque nos mantém todos em contato e com os pés no chão. E, quando somos ajudantes de fim de ano, meio que estamos voltando a aprender como trabalhar ao telefone novamente. Se faz tempo que não fazemos isso, ficamos um pouco nervosos e pensamos: "Não quero estragar tudo para alguém".

Um dia, uma senhora mais velha telefonou para devolver um par de sapatos, e ela estava realmente conseguindo, tipo: "Meus joanetes doem, e eu realmente tentei usá-los, caminhando pela casa..." Meu primeiro instinto foi dizer: "Sim, sem problemas. Vamos fazer a devolução". Mas, quando abri a conta dela no computador, havia todos os tipos de alertas e anotações de meus colegas. Acontece que aquela mulher havia comprado mais de 100 pares de sapatos e devolvido cada um deles.

Examinei as anotações enquanto ela continuava falando comigo e argumentando, e percebi que havia uma discussão em andamento sobre aquela mulher entre os representantes da equipe de fidelização de clientes há um bom tempo. Alguns dos colegas estavam desconfiados, como se ela estivesse nos enganando, aproveitando nossa política de devolução gratuita. Diziam coisas como "precisamos parar essa senhora!". Mas outros diziam: "Nós conversamos com ela, e ela vive sozinha. Ela não tem família, vive de pensão do governo e passa os dias em casa. E receber algo pelo correio, mesmo que ela não possa manter, a deixa feliz". Finalmente, cheguei a uma observação – e ela havia sido escrita por Tony, nosso CEO, que trabalha ao telefone como todos nós no período das festas. E a observação dele dizia: "Deixem que ela continue pedindo os sapatos. Isso a faz feliz".

A base de tudo é que nós confiamos em nossos clientes.

Eu fiquei tipo: "UAU!"

Esse é o tipo de coisa que faz com que eu me apaixone pela empresa mais uma vez. Quando vejo coisas assim acontecendo, sou lembrado de que é real. Tudo o que falamos aqui, todos os nossos valores: é tudo real. Não é como se estivéssemos colocando essa coisa de "entregar felicidade" como um show, um truque ou coisa parecida. A base de tudo é que nós confiamos em nossos clientes. Nós confiamos que a grande maioria das pessoas no mundo não tem a intenção de fazer mal a alguém. Se um cliente está devolvendo muitos sapatos, provavelmente há um bom motivo para ele estar fazendo isso. Nós perdemos dinheiro com os envios para essa senhora? Claro. Mas isso não vai nos levar à falência. Nós estamos entregando felicidade. Estamos tornando o mundo dela um pouco mais alegre. Há valor nisso.

E, claro, existem exceções à regra. Existem golpistas. Há pessoas tentando se safar. Mas esta empresa está na linha de frente do atendimento ao cliente há 20 anos e, estatisticamente falando, o número de vigaristas e ladrões que encontramos diariamente é zero. É um percentual tão pequeno que não nos preocupamos com eles. Quero dizer, nós não os ignoramos. Nós não os deixamos sair impunes. Nós cortamos as pessoas. Sinalizamos os clientes que tenham sido incorretos conosco. Não somos bobos. Mas não tratamos todos os clientes como vigaristas por causa daqueles muito, muito poucos que são.

Acho que é um reflexo direto de como a empresa nos trata como funcionários também. Depois de passarmos pelo treinamento para novos contratados, temos nossa parcela de poder aqui na Zappos. É um ajuste muito difícil para algumas pessoas perceberem que não há um gerente pairando sobre elas, gerenciando no detalhe todos os seus movimentos. Depois de treinados, depois de estarmos na mesma sintonia e fazendo parte da equipe, podemos fazer o que for necessário para manter os clientes felizes.

A maioria dos nossos clientes é feliz, para começo de conversa. Como servi-los bem faz parte do espírito da empresa, a maioria dos clientes não tem do que reclamar. Avaliações negativas de clientes e virais nas mídias sociais podem fazer com que até uma boa empresa pareça ruim muito rapidamente. Mas nós cuidávamos disso muito antes das mídias sociais se tornarem populares. Pegávamos os raros clientes insatisfeitos e os impressionávamos, mostrando a eles um serviço tão bom que eles praticamente não podiam deixar de contar a todos os amigos que experiência incrível haviam tido com a Zappos.

Trabalhando ao telefone aqui, nós quase nos sentimos como o CEO da empresa ou coisa parecida. Temos a convicção de que não há quase nada que não possamos fazer para garantir que o cliente fique impressionado. É exatamente o oposto do que acontece na maioria dos call centers, e acho que é por isso que o "atendimento ao cliente" tem uma fama tão ruim. Quando ligamos para algumas linhas de atendimento ao cliente, é quase como se eles tivessem recebido um roteiro para ler e um protocolo a seguir, projetados especificamente para nos incomodar e fazer com que nunca mais queiramos fazer negócios com essa empresa. Todos já tivemos essa experiência. É muito frustrante. Mas, na Zappos, temos a liberdade de realmente conversar com os clientes. De perguntar sobre suas vidas. Contar piadas. Rir com eles. Chorar com eles. De escutá-los, quase como se fôssemos os terapeutas deles naquele dia, ou coisa parecida.

A partir do momento em que entramos na empresa, temos a liberdade de fazer o que é certo para deixar nossos clientes felizes. Temos orçamentos reservados para enviar cartões e flores. Temos vários indivíduos que adoram enviar recompensas e incentivos para nossos melhores clientes também. Então, não são só as rodas enferrujadas que são lubrificadas, sabe?

Custa dinheiro à empresa, certamente, mas vemos isso como investimento na marca. Por menos do que o preço de um anúncio do Super Bowl (que jamais compraríamos), podemos atender a milhares de clientes da melhor maneira possível. E o boca a boca e o amor gerado nas mídias sociais superam em muito o custo, sempre.

Arun Rajan
Diretor de operações
Tive que ir ao pronto-socorro no meu primeiro desafio de resistência de 8.000 m. Aprendi então que a hidratação é essencial para grandes eventos de resistência. ☺

Erros acontecem: falhas de remessa, confusões no depósito, itens enviados a clientes com o tamanho ou a cor incorretos. Quando se está lidando com um volume de vendas considerável, especialmente envolvendo transporte, erros são inevitáveis. Podemos trabalhar para tornar o sistema o mais perfeito possível, e nós trabalhamos duro para melhorar o sistema e eliminar erros por duas décadas. Ainda assim, coisas acontecem. E esses erros normalmente deixam os clientes chateados. Mas acho que muitas empresas perdem uma tremenda chance de fazer tudo o que for possível para transformar esses erros em oportunidades e esses clientes descontentes em seus melhores clientes.

Deixe eu dar um exemplo do quanto podemos ir longe para garantir que os clientes fiquem felizes. Em dezembro de 2017, decidimos nos vangloriar um pouco sobre nossas habilidades de remessas antes do Natal. Faltando pouco mais de dois dias, lançamos uma grande campanha de marketing para informar a todos os nossos clientes: "Se você pedir ao meio-dia de 23 de dezembro, receberá seu pacote a tempo para o Natal!".

Cerca de uma hora depois da nota ser enviada para a nossa lista de e-mails, atingindo dezenas de milhões de clientes, recebemos um e-mail do nosso centro de atendimento informando que eles já haviam atingido a capacidade máxima. Não seria possível entregar um único pacote a mais até 25 de dezembro.

O pânico se instalou.

Sabíamos quantos pedidos estavam chegando, e agora enfrentávamos a triste realidade de que muitos clientes não receberiam seus pacotes até o Natal, conforme prometido.

Convocamos uma reunião de emergência. Muitos de nós nos reunimos em uma sala e refletimos sobre o processo. Poderíamos contratar mais pessoal de atendimento? Alugar nossos próprios caminhões de entrega? Enviar funcionários de Las Vegas para entregar os pacotes em mãos? Algumas ideias bem loucas foram lançadas ao ar até Tony dizer: "Simplesmente desistam".

Então foi o que fizemos: quem encomendou produtos que não foram entregues conforme prometido recebeu um reembolso total pela compra.

Pronto.

Estamos falando de algo entre 10 mil e 15 mil pedidos. Nós vendemos alguns produtos muito caros em nosso site. Some os custos de envio e você pode calcular. As equipes financeiras de muitas empresas teriam dito: "De jeito nenhum! Não há como suportarmos este golpe".

Mas, na Zappos, não vimos isso como um golpe.

Vimos como um investimento de marca na própria Zappos. Era a coisa certa a se fazer.

Serviço é a nossa marca, e nossos clientes são tudo. Não havia como decepcionar nossos clientes em massa assim. Nosso DNA não contém uma história de "a Zappos me decepcionou no Natal".

Gastar dinheiro com clientes é um investimento, e nós investimos tudo o que podemos neles. Basta olhar para a equipe de fidelização de clientes. Dos 1,5 mil funcionários da Zappos, aproximadamente 600 trabalham diretamente no atendimento ao cliente. Um serviço excepcional é a promessa que fazemos aos nossos consumidores, por isso, investimos o que for preciso nisso.

Quando algo dá errado, fazemos todo o possível para cuidar de nossos clientes e corrigir o erro. E aqui está a parte incrível: é mais provável que retenhamos esses clientes do que aqueles que nunca tiveram problemas com nosso serviço. Por exemplo, acompanhamos os clientes que foram afetados durante o Natal de 2017, cujos pedidos foram impactados negativamente e depois recuperados, ou dos quais pelo menos tentamos cuidar devolvendo o dinheiro pago pelos produtos. Descobrimos que, em comparação com nossos clientes habituais, essas pessoas voltaram e compraram mais em nosso site do que talvez teriam comprado se nada tivesse dado errado.

Eles não são os únicos. É um padrão. Estamos acompanhando isso há algum tempo e temos provas para mostrar que, toda vez que algo dá errado, se cuidarmos do cliente, ele terá um valor de vida útil mais longo do que a média.

O custo de substituir o produto gratuitamente, ou qualquer outra coisa necessária para deixar o cliente satisfeito, é mínimo comparado ao retorno do investimento. Nos primeiros anos, não tínhamos os dados para confirmar isso. Tínhamos simplesmente uma afirmação e uma convicção de que era a coisa certa a fazer e mantivemos o curso. Era um salto de fé, na realidade.

Hoje, temos dados para provar isso. Medimos o que chamamos de "impacto a jusante", que é "se fizermos algo para o cliente hoje, como ele se comporta 12 ou 18 meses depois e além?". E a lealdade e/ou o valor a longo prazo desse cliente afetado chega a ser de duas a cinco vezes maior.

> *Fazer a coisa certa, ir além para corrigir um erro ou uma percepção de erro e proporcionar ao cliente a experiência mais satisfatória e digna possível de um UAU produz de duas a cinco vezes o valor do cliente.*

Portanto, se o valor de longo prazo de um cliente médio for de, digamos, US$ 200, descobrimos que o valor de longo prazo de um cliente que experimentou algum tipo de insatisfação com nosso serviço e depois teve essa experiência negativa tratada de uma maneira positiva será de algo entre US$ 400 e US$ 1 mil nos próximos 12 a 18 meses.

Não é mais um salto de fé. Não é um palpite. Fazer a coisa certa, ir além para corrigir um erro ou uma percepção de erro e proporcionar ao cliente a experiência mais satisfatória e digna possível de um UAU produz de duas a cinco vezes o valor do cliente.

UAU, certo?

Esses dados só se tornaram disponíveis internamente para nós nos últimos dois a três anos e, com este livro, estamos apenas começando a compartilhá-los com o mundo. Se tem algo que tem impedido as empresas de adotarem um melhor modelo de atendimento ao cliente e uma mentalidade de serviço em primeiro lugar de cima para baixo, acho que é porque até agora realmente era algo intangível. Mas, se conseguirmos fazer com que líderes de negócios vejam esses dados, minha esperança é de que também vejamos uma mudança mais ampla em direção a um melhor serviço em um amplo espectro de negócios.

Por que uma empresa não gostaria de aumentar o valor do cliente de duas a cinco vezes e, ao mesmo tempo, melhorar a experiência de todos em ambos os lados da equação?

E esse número de duas a cinco vezes é apenas o começo. A maioria dos clientes que experimentam a marca Zappos de interação com o atendimento ao cliente se transforma em um segmento que chamamos de "amantes". Eles se tornam amantes da marca. E, depois que são "amantes", eles raramente desertam. Eles raramente deixam de comprar. Eles voltam sempre. Eles se tornam defensores da nossa marca. Eles se tornam nossos melhores clientes, muitas vezes por toda a vida.

Isso é poderoso. E é muito, muito real.

Megan Petrini
Integração
Minha equipe e eu gostamos de assistir a Detetives Médicos enquanto preparamos as aulas de treinamento para novos contratados.

É incrível pensar que agora temos dados para apoiar nossas decisões, especialmente sabendo que vínhamos tomando a decisão de tratar todos os clientes (mesmo os questionáveis) muito, muito bem, desde o início.

Eu entrei em 2006. Fui contratada para trabalhar ao telefone e adorava, adorava, adorava. Em seis meses, mudei para a central de recursos, que é uma de nossas equipes especializadas que ajuda nossos representantes de telefone, além de lidar com situações sensíveis dos clientes.

Algumas semanas depois de passar para esse novo cargo, um de nossos contratados novatos me procurou aos prantos. Eu fiquei imediatamente na defensiva, tipo: "Quem fez você chorar? Mande a ligação para mim agora!".

Naquela época, tínhamos o hábito de distribuir cupons de desconto por serviços perdidos quando algo dava errado. Eles valiam para serem usados apenas uma vez e depois perdiam a validade. Eram do tipo usar ou perder.

Essa cliente em particular havia recebido um cupom de US$ 50, talvez um ou dois anos antes. Fazia muito tempo. E ela fez um pedido. Ela usou o cupom. E então ela devolveu o pedido, pediu outra coisa e tentou usar o cupom novamente. Não deu certo. Então, ela ligou e disse que estava realmente decepcionada porque "não sabia" que o cupom valia para ser usado apenas uma vez. Nossa integrante do serviço de fidelização de clientes fez o que costumamos fazer aqui na Zappos: deu à cliente o benefício da dúvida. Ela disse: "Ah, sim. Eu sinto muito. Deveria ser para uso único, mas deixe-me substituí-lo para você, e agora você sabe que é para usar apenas uma vez". A cliente então fez um novo pedido, usou o novo cupom, devolveu o pedido e voltou a fazer a mesma coisa. Tentamos dizer que não, mas ela ficou irritada, e o representante seguinte também lhe deu um novo cupom.

Acontece que ela tinha feito isso cinco ou seis vezes. Ela estava abusando da nossa gentileza. Então, quando nossa nova contratada me passou a ligação, eu fiquei tipo: "Não. Não. Hoje não".

Fui muito amigável, mas firme: "Sinto muito, mas não poderemos fazer isso novamente. A resposta é não. Você já foi informada várias vezes de que não faremos isso novamente, e a situação se tornou abusiva. A resposta é não".

E ela disse: "Bem, eu nunca mais comprarei com vocês novamente". "Bem", eu disse, "lamento que você se sinta assim".

Eu não sabia na época, mas esse não era o jeito da Zappos. Foi uma resposta instintiva, e eu fico tensa só de pensar nisso agora.

"Vou enviar um e-mail ao seu CEO!", disse a cliente.

E eu respondi: "O e-mail de Tony é..." e eu dei a ela o endereço de e-mail dele. Eu tinha 100% de certeza de que estava certa.

Desliguei o telefone sentindo orgulho de mim mesma por tê-la cortado, imaginando que nunca mais teríamos notícias dela.

Fui para casa, voltei no dia seguinte, cheguei ao meu computador e vi um post-it colado na tela. Era de Tony Hsieh.

Ele dizia: "Dê o cupom a ela".

Imagine como eu me senti positiva e grande naquele momento. Nem um pouco. Eu precisei ligar de volta para ela e pedir desculpas. Ela adorou tudo aquilo. E foi muito desagradável comigo. Mas eu precisei aceitar a situação porque eu estava completamente errada. E foi aí que aprendi da maneira mais difícil a mesma lição que ensino a todos os nossos novos contratados: nosso trabalho não é proteger a Zappos do cliente. Nós não somos a polícia da Zappos! Nosso trabalho é fornecer a experiência da Zappos. Nós conversamos com apenas uma fração da nossa base de clientes ativos, que chega a dezenas de milhões. É um percentual minúsculo desse percentual já pequeno de pessoas que tentam abusar do sistema. Toda vez que conversamos com alguém, temos a oportunidade de transformá-lo em um ótimo cliente, o melhor cliente, apenas dando a ele uma experiência positiva.

Não é nosso trabalho potencializar um problema. Não é nosso trabalho proteger a empresa. É nosso trabalho fornecer a experiência da Zappos. E daí que essa mulher estava nos roubando US$ 50 por vez? Quem se importa? Nós não iremos à falência por causa dessa senhora e dos cupons de US$ 50. Um dia, ela parou de fazer isso.

E provavelmente a escalada foi a gota d'água para ela, mas, em vez de ficar por aqui, ela levou seus negócios para outro lugar e provavelmente se queixou de sua experiência conosco.

> *Tome a melhor decisão para o cliente – porque a melhor decisão para o cliente é sempre a melhor decisão para a empresa.*

No mundo atual, estamos muito condicionados a ficar imediatamente na defensiva, a querer mostrar o que pensamos, a vencer, a ser a polícia de qualquer coisa, sabe?

Não faça isso.

Quando conto essa história na sala de aula, sempre há pessoas que vieram de diferentes call centers ou diferentes empregos em finanças e perguntam: "Tudo bem, e se...?" E minha resposta é: "Não, não importa".

"Mas e se...?"

"Não, não importa."

Nesse caso, a mulher não estava nos custando muito, porque estava apenas comprando coisas e depois as devolvendo. E comprando e devolvendo. No fim, ela acabou sumindo. Não era grande coisa. Mas eu transformei a situação em grande coisa sem precisar, e isso não beneficiou a empresa ou qualquer um.

Portanto, a lição de atendimento ao cliente do dia é esta: tome a melhor decisão para o cliente e deixe para lá. Não a melhor decisão para a empresa ou seu ego ou qualquer outra coisa.

Tome a melhor decisão para o cliente, porque a melhor decisão para o cliente é sempre a melhor decisão para a empresa.

Arun Rajan
Diretor de operações
Minha esposa e meus filhos adoram cachorros. Eu não.

Nosso método não é infalível. Temos pessoas que abusam da nossa bondade, que tentam obter brindes e vantagens injustificadas. Acontece. E houve alguns casos realmente flagrantes em que tivemos de cortar um cliente e educadamente pedir que ele levasse seus negócios para outro lugar. Mas esses casos são realmente as exceções e, quando os revelamos, nossa abordagem de continuar atendendo à grande maioria dos clientes que não está tentando nos enganar é extremamente lucrativa. Então, vamos continuar fazendo isso.

Se mudarmos nosso modelo para atender às exceções, se tirarmos a capacidade da equipe de fidelização de clientes de realmente impressionar com o serviço, provavelmente poderemos economizar alguns milhões de dólares no orçamento no próximo ano, certo? Mas esse é um pensamento incrivelmente de curto prazo. Não faria sentido algum. Nós acabaríamos perdendo muito mais do que ganhamos, porque perderíamos o valor fundamental da nossa marca. Essa erosão do que fazemos melhor nos levaria a perder nossos amantes da marca Zappos, bem como nossa capacidade de criar novos amantes da marca no processo.

Como isso poderia ser considerado uma vitória para alguém?

Especialmente quando levamos em consideração que o foco no positivo não apenas faz com que a gente se sinta melhor, mas também é melhor para os negócios.

ALÉM DOS LUCROS

Jesse Juhala
Representante, serviço ao cliente dinâmico

No ano passado, logo depois que cheguei para trabalhar, recebi uma ligação de uma senhora perguntando sobre um par de botas de cowboy que ela já havia comprado de nós em outra ocasião. Procurei pelas botas e avisei que só tínhamos um tamanho maior, e ela disse que "tudo bem".

Como ela havia pedido as mesmas botas alguns meses antes, decidi investigar um pouco e perguntei se havia algo errado com as que ela havia comprado.

Foi quando ela me disse às lágrimas que, três dias antes, ela perdera a casa dos sonhos em um incêndio. Ela e o marido a haviam construído eles mesmos depois de se aposentarem e, além da casa, haviam perdido dois veículos, vários gatos e cães, um cavalo e praticamente tudo o que possuíam.

Para piorar a situação, alguns dias após o incêndio, ladrões abriram o cofre à prova de fogo e roubaram tudo o que havia nele. Eu estava com lágrimas escorrendo pelo rosto enquanto ela me contava tudo isso e dizia sem parar o quanto lamentava. No final, dei as botas de graça para ela. Era algo pequeno, mas eu só queria que ela tivesse algo com que pudesse pelo menos começar a reconstruir sua vida.

Ela começou a chorar copiosamente. Ficou muito agradecida.

Após a ligação, fiquei pensando como aquilo não parecia suficiente. Fui falar com um dos membros da minha equipe e começamos a fazer um brainstorming. No final, conseguimos que nosso artista residente, Miguel, fizesse uma pintura da casa dela em um caixote de madeira, dentro do qual colocamos um cartão de gasolina, um vale-presente da Zappos (para que o marido dela pudesse comprar sapatos, se quisesse) e um vale-presente para um restaurante local, para que eles pudessem sair uma noite e não pensar no que havia acontecido. Também incluímos um cartão pintado a mão assinado por todos que ajudaram.

Eu gostaria de poder ter feito mais por eles. Mas foi alguma coisa. Queria que aquelas pessoas soubessem que o que elas estavam vivendo não passou em branco por nós. Todos ali estávamos desejando o melhor a eles enquanto se recuperavam de uma perda tão terrível.

Stevie Bautista
Diretor de envolvimento dos funcionários e da Zappos for Good
Minha comida favorita é minhoca de goma.

O desejo de Jesse de se conectar, dar, fazer algo por outra pessoa é algo que vemos em muitos de nossos funcionários. E é algo que nos esforçamos para abraçar aqui na Zappos, em todos os níveis.

Existem muitas empresas que doam dinheiro para caridade e várias causas. Não acho que seja coincidência que algumas das marcas mais reconhecidas do mundo, em uma ampla variedade de setores, também sejam das mais caridosas. Walmart, Coca-Cola, Goldman Sachs, Target e até a Exxon Mobil doam dezenas, se não centenas de milhões de dólares para várias causas todos os anos. Isso é claramente bom para os negócios. É bom para as relações públicas. É bom para a comunidade, o país, o meio ambiente e o mundo inteiro, em alguns casos.

Não podemos competir com esse nível de doação aqui na Zappos. Mesmo que pudéssemos, o que realmente gostamos de fazer é tornar a doação uma parte da experiência da Zappos.

É engraçado porque, quando comecei, trabalhei nas relações com os funcionários e acabei sendo o cara encarregado de demitir pessoas. (Sim, às vezes precisamos demitir pessoas na Zappos, como qualquer outra empresa. E por muitos dos mesmos motivos que se podem encontrar em qualquer outro lugar.) Meu apelido internamente era "Ceifador". Não era exatamente um título que eu adorasse! Então, mudei para o lado caridoso das coisas, onde a Zappos já estava no processo de jogar todos os padrões de "doação" pela janela e começar do zero, para construir algo que realmente se encaixasse em nossa cultura. Uma equipe chamada Zappos for Good.

Olhando para nossos valores fundamentais, queríamos realmente focar na ideia de "Como envolver os funcionários e fazer disso algo realmente divertido, ao mesmo tempo que fazemos muitas coisas boas?".

Decidimos que a melhor coisa a fazer seria começar em nosso próprio quintal. Decidimos realizar eventos no campus do centro de Las Vegas, começando com o feriado mais adequado para isso: o Dia de Ação de Graças. Trabalhamos com organizações de caridade locais para convidar 750 famílias a entrar e receber jantares de Ação de Graças que poderiam levar para casa. Mas, como somos uma empresa focada em experiências, queríamos que fosse muito mais do que uma cartilha. Planejamos como as crianças poderiam se divertir quando chegassem aqui, montando um zoológico e jogos. Todo o evento foi organizado e realizado por nossos funcionários de forma totalmente voluntária, e foram tantos voluntários que tivemos de alterná-los em turnos para acomodar todos. Foi um grande sucesso. Quando acabou, pedimos à equipe sugestões de outros eventos na comunidade. Nós realizamos cerca de dez grandes eventos como esse no campus todos os anos desde então. Quase um por mês.

> *As pessoas realmente adoram fazer parte de algo que as faça se sentir bem e saber que é autêntico.*

Um dos maiores eventos que fizemos foi em um zoológico. Tínhamos um funcionário que estava trabalhando para salvar um zoológico de mães e filhos que tinha mais de uma década e estava quase fechando.

Esse funcionário levantou cerca de US$ 10 mil em uma página do GoFundMe, o que foi ótimo. Mas o zoológico precisava de mais de US$ 250 mil para sobreviver. Então, em um período de duas semanas, trouxemos o zoológico de oitenta animais para a Zappos e transformamos todo o campus em um zoológico por um fim de semana. Convidamos o público, cobramos entradas, pedimos doações e levantamos cerca de US$ 151 mil. Em um fim de semana!

Se tínhamos dúvidas se a conexão dos funcionários com a comunidade local poderia ter resultados reais, elas desapareceram depois disso. Desde então, fazemos jantares de Páscoa, com visitas do coelhinho e todos os tipos de brinquedos e jogos, e tem sido ótimo para todos. Estamos cheios de voluntários em todos os eventos, portanto, claramente, estamos fazendo algo em que nossos funcionários acreditam, e não há dúvida de que nossos eventos também são amados e foram adotados pela comunidade de Las Vegas.

Acho que parte da razão pela qual temos tido tanto sucesso é que nada é feito para relações públicas. Meu departamento não está ligado ao marketing. Na verdade, estamos organizados dentro do RH, porque vemos isso mais como um benefício e um impulso para os funcionários do que qualquer outra coisa. As pessoas realmente adoram fazer parte de algo que as faça se sentir bem e saber que é autêntico. Não estamos em busca de cobertura da mídia (embora haja isso, mesmo sem procurarmos) e certamente não estamos atrás da maioria das impressões.

É mais inspirador para o funcionário ver uma empresa fazendo algo assim por ser a coisa certa a fazer e não como uma maneira de atrair câmeras o tempo todo. Dá aos nossos funcionários um orgulho extra da empresa para a qual trabalham. E é um ponto de orgulho para a própria empresa também.

Não é barato. No nosso evento de formatura, mil adolescentes escolhem vestidos de baile, sapatos, acessórios e smoking gratuitos, todos por cortesia da Zappos. Não há retorno direto do investimento em nada disso além do orgulho e do bom sentimento que estamos espalhando em nossa comunidade. Mas essa não é uma parte do negócio orientada por números. Tem a ver com nossos valores. Tem a ver com nosso desejo de tornar o mundo um pouco melhor – mesmo apenas nosso cantinho do mundo.

E não acho que exista um funcionário aqui que não tenha sido tocado de uma maneira ou de outra trabalhando nesses eventos.

Isso apenas alimenta ainda mais o desejo de nossos funcionários de se conectar e doar. E então nós vemos que o espírito se reflete de todas as maneiras, em todos os tipos de interações por aqui, todos os dias.

Jeanne Markel
Consultora técnica do CEO Tony Hsieh
Conheci meu marido na beira da estrada há três décadas. Meu carro estava quebrado, e ele parou para ajudar.

Tenho orgulho de que o espírito de serviço transforme tudo o que fazemos, desde o tempo e a atenção que mostramos aos clientes ao telefone até os pequenos presentes que damos para reconhecer nossos colegas de trabalho, os itens ou o dinheiro que doamos a causas beneficentes e as formas como retribuímos à nossa comunidade. Nós realmente nos esforçamos para oferecer a todos a mesma experiência digna de um UAU, que orienta não apenas como tratamos nossos clientes, mas também como interagimos uns com os outros, nossos fornecedores e os membros da nossa comunidade do centro.

O que foi comprovado nesses últimos 20 anos é que a criação dessa cultura de serviço em primeiro lugar tem benefícios que vão muito além do que você possa imaginar. Na verdade, ela cria o tipo de cultura de que as empresas precisam para crescer, se adaptar, reter funcionários por longos períodos de tempo e sobreviver em um mundo em constante mudança. Existem todos os tipos de benefícios positivos que surgem de nossos valores fundamentais e da nossa mentalidade central, e agora temos números reais para demonstrar isso. Ser humilde é importante para nós, mas há um tanto de sucesso aqui que simplesmente não pode ser negado.

Obviamente, temos de continuar a gerar lucros enquanto fazemos todas essas outras coisas boas. As pessoas supõem erroneamente que é algum tipo de desafio difícil, mas estamos mostrando que as coisas boas estão realmente sustentando nossa lucratividade por um longo período de tempo. Não estamos perdendo algo ao fazer essas coisas. Não estamos cortando nossos lucros de maneira significativa para retribuir à comunidade. Em vez disso, estamos trabalhando ainda mais para criar um sistema que beneficie a todos, ao mesmo tempo.

Nos negócios, os relacionamentos são importantes. Quando um fornecedor chega à cidade, buscamos no aeroporto e, apesar de sermos clientes, brigamos para pagar a conta do almoço ou do jantar. Nas reuniões, mostramos a eles todos os números de suas vendas e margens de lucro, em total transparência. Se estamos tendo uma temporada boa de verdade, mostramos a ele. E se estamos tendo uma temporada muito ruim, também mostramos a ele. Não é por causa de uma demanda para ele contribuir com nossas margens para compensar os números que não atingimos. É porque somos parceiros completos, e ambos temos interesse em nossos sucessos e fracassos – e em comunicação aberta. Não estamos tentando nos aproveitar de você para melhorarmos. No lugar disso, é "vamos trabalhar juntos, vamos construir uma parceria real, vamos vender muito do seu produto, porque gostamos

> *Ter uma mentalidade de serviço em primeiro lugar cria o tipo de cultura de que as empresas precisam para crescer, se adaptar, reter funcionários por períodos mais longos e sobreviver em um mundo em constante mudança.*

Eileen Tetreault, Mike Normart e Scott Julian
Merchandising

MIKE Nós tínhamos um representante com quem trabalhamos, de um de nossos fornecedores, e ele estava no setor fazia não sei quantos anos.

EILEEN Cinquenta? Pelo menos?

MIKE Pelo menos. Ele realmente nos ajudou nos primeiros dias. Lá no começo, quando tivemos muita dificuldade para convencer as marcas a vender para essa empresa desconhecida. Enfim, ele acreditou na gente. E ele era simplesmente um cara legal. Trabalhava no setor desde sempre, e todo mundo o conhecia, então, quando ele se aposentou, fizemos um grande jantar para ele.

SCOTT Fizemos um livro de retratos para ele, e as pessoas assinaram. E demos a ele uma grande vara de pescar e um taco de golfe...

MIKE E, no final da noite, ele disse: "Sabem, a minha própria empresa não fez isso para mim".

SCOTT Mas isso é mesmo uma surpresa? Ele esteve lá por décadas, mas as empresas não valorizam mais esse tipo de lealdade. Na maioria dos lugares, quando a pessoa se aposenta, ela tem sorte se comprarem um bolo para compartilhar na sala de reuniões ao sair.

EILEEN Nós nem pensamos em nada disso. Nós só queríamos fazer uma homenagem a ele, então montamos um pequeno filme. Foi uma noite muito legal.

MIKE Agora ele nos envia cartões-postais quando está viajando pela Europa. Ele diz: "Sim, estou de férias!". É incrível.

SCOTT Preciso dizer que é muito bom trabalhar em um lugar onde somos livres para tratar as pessoas como elas devem ser tratadas – mesmo quando não são funcionárias e não há nada a ganhar delas em troca. Parece certo.

do produto e queremos deixar você bem e, obviamente, também queremos ser lucrativos".

Penso em nossas interações com as marcas maiores ao longo dos anos e em como os representantes dessas marcas se tornaram alguns dos amigos mais próximos que eu tenho e sem dúvida continuarão sendo, mesmo que eu esteja fora do mercado de merchandising agora. Para mim, desenvolver essas amizades foi incrível.

Hollie Delaney
Diretora de Recursos Humanos
Eu fiz minha primeira tatuagem aos 40 anos de idade.

Infundir um pouco de humanidade no trabalho que fazemos cria um resultado positivo em termos de atendimento ao cliente. Nós provamos isso muitas vezes.

Outras empresas também provaram. Veja qualquer lista das Melhores Empresas dos Estados Unidos e, especialmente, dos Melhores Lugares para Trabalhar, e você encontrará exemplos de políticas que tratam pessoas como pessoas e benefícios que apoiam a educação dos funcionários, licença-família e muito mais. Não é por acaso que essas empresas costumam ser muito bem-sucedidas. Veja empresas como a TOMS Shoes, que distribui um par de sapatos para quem precisa por cada par vendido, ou tantas outras que tentam fazer o bem no mundo e envolver seus funcionários para fazer o bem ao mesmo tempo. Existem centenas, talvez milhares de histórias emocionantes por aí, exatamente como as que você está lendo da Zappos, que envolvem clientes e vendedores, instituições de caridade e muito mais.

O trabalho deve ser mais do que obter lucros. Seu trabalho não é apenas "fiz o que outra pessoa me disse para fazer, o que manteve a empresa em funcionamento e gerou muito dinheiro para meus chefes e acionistas". Pelo menos não deveria ser. Na Zappos, nós queremos abrir nossas mentes, fazer coisas que façam a diferença, fazer mudanças reais e intencionais na empresa, em nossa cidade e no mundo.

> *Talvez não esteja quebrado, mas talvez haja uma maneira melhor de fazer alguma coisa. Se não estiver quebrado, quebre. Veja se e como você pode quebrar... É quando a mudança acontece. É quando o crescimento acontece.*

Uma coisa que as pessoas dizem nos locais de trabalho o tempo todo é: "Se não está quebrado, não conserte". Bem, primeiro, você pode estar *dizendo* que não está quebrado quando na verdade está. E, segundo, se você nunca reexaminar alguma coisa, nunca terá nenhum avanço. Se as pessoas dissessem: "Ah, eu posso somar tudo eu mesmo e escrever meu relatório a mão. Não está quebrado!", não teríamos calculadoras ou computadores. Não teríamos novas tecnologias. Ainda estaríamos indo para o trabalho montados a cavalo.

Quando se trata de local de trabalho, assim como qualquer outra coisa, de vez em quando (ou talvez até o tempo todo) é importante dizer: "Talvez não esteja quebrado, mas talvez haja uma maneira melhor de fazer alguma coisa".

Em outras palavras: Se não estiver quebrado, quebre. Veja se e como você pode quebrar. Se você realmente não puder quebrar, talvez não mude. Mas o que descobrimos aqui na Zappos é que podemos quebrar praticamente tudo. E, quando fazemos isso, quando deixamos de ser complacentes, grandes coisas podem acontecer. É quando a mudança acontece. É quando o crescimento acontece. É quando coisas maiores do que jamais imaginamos serem possíveis passam a acontecer – começando com o crescimento que brota dos próprios funcionários.

PARTE II

Cultivando

ABAIXO DA SUPERFÍCIE

Christa Foley
Diretora de visão de marca, Diretora de aquisição de talentos e Diretora de treinamento de cultura externa
Ex-atleta de hóquei sobre grama! Procure o que é. Não é lacrosse, como você pode estar pensando. ☺

Quando confiamos em nossos funcionários, quando compartilhamos dos valores fundamentais deles, quando tudo o que fazemos em conjunto vem de serviços, descobrimos que podemos dar a eles muita liberdade de ação. Podemos deixá-los sair de suas caixas. Incentivá-los a experimentar coisas novas. Compartilhar suas ideias únicas e originais e descobrir seus próprios talentos.

E é aí que eles podem nos surpreender, porque o que vemos geralmente é apenas a ponta do iceberg. Alguém que contratamos para uma coisa pode realmente ser melhor em outra coisa.

Na verdade, ele pode ser realmente ótimo em outra coisa. E os resultados que vêm dessa confiança, do desapego, de saber que não há problema em incentivar as pessoas a crescer e mudar sob o seu próprio teto, podem ser muito maiores do que esperamos.

Johnnie Brockett
Tesouraria e contas a receber
Agora tenho mais sapatos do que em toda a minha vida.

Eu trabalho no departamento de tesouraria. Então, administro o dinheiro da empresa, pago todas as contas, impostos, folha de pagamento, resoluções, qualquer coisa relacionada a dinheiro. Eu superviso dezenas de milhões de dólares em transações toda semana. E, como mencionei anteriormente, cheguei aqui sem qualquer experiência em finanças. Zero ano de faculdade. (E, felizmente, nenhum empréstimo estudantil.)

Como isso aconteceu?

Quando cheguei à Zappos, comecei a trabalhar ao telefone. Eu vim do departamento de retenção de outra empresa, onde todo mundo que ligava estava realmente irritado, e o lugar simplesmente não funcionava direito. Então eu abracei o fato de que eu tinha poder para resolver os problemas das pessoas. Pacotes de clientes eram deixados do lado de fora, na chuva, ou haviam sido enviados os tamanhos errados ou coisas do tipo. Coisas acontecem. Quem liga pode ficar irritado. Mas nós somos autorizados e incentivados a realmente fazer o que for necessário para acertar as coisas para o cliente, desde que não quebremos a empresa. Era muito bom poder fazer isso, literalmente melhorar o dia das pessoas, salvar uma festa de casamento ou um evento para um cliente.

Tive orgulho do trabalho que fazia desde o primeiro dia, e acho que isso me fazia querer trabalhar ainda mais. Outras pessoas aqui viram isso.

Eles viram o quanto eu trabalhava. Eles notaram. E fizeram algo a respeito.

Depois de apenas três ou quatro meses, eles me promoveram para o R-Desk, o balcão de recursos, que lida com situações sensíveis do cliente. Então me tornei um "líder de equipe", que é como um gerente. Gostaram muito do que eu estava fazendo e quiseram que eu encontrasse outras pessoas com meu tipo de entusiasmo e ética de trabalho. Então passei um tempo trabalhando com recrutamento. Quando quis mudar, eles viram as minhas habilidades com pessoas e me transferiram para o merchandising. Depois, passei para as finanças, e sou literalmente 95% autodidata. Na Zappos, se trabalhamos duro e fazemos o trabalho, não importa qual é a nossa formação. A empresa se preocupa com quem somos como pessoa. Com nossa ética de trabalho. A empresa se importa que a gente se importe.

Eu claramente não reclamo de trabalhar, especialmente quando amo o trabalho que faço. Eu nunca cheguei a lugar algum por me vestir bem.

Na verdade, entrei em finanças através do programa de estágio interno da Zappos. Nossos estágios duram 90 dias. Geralmente, chegamos, fazemos o trabalho, nos certificamos de que gostamos dele e de que conseguimos fazê-lo de forma eficiente e combinamos com a equipe. Precisamos nos encaixar. Eles gostaram de mim. Então, meus 90 dias se tornaram 120, depois 150, depois 180. E eles passaram o tempo todo tentando encontrar uma vaga para mim, mas era difícil. Sete meses depois, eles me puxaram para uma sala e disseram: "Encontramos um lugar para você". Abriu uma vaga na equipe da tesouraria porque o cara que estava na equipe naquele momento queria se mudar e fazer outra coisa. Então eu o substituí. Fiquei em treinamento. E, logo depois disso, meu chefe teve alguns problemas de família e saiu de licença.

Da noite para o dia, éramos basicamente eu e um garoto recém-saído da faculdade administrando o departamento de tesouraria.

Foi uma loucura. Eu precisei aprender fazendo. Mas sempre me senti apoiado aqui. Eu apenas conferia tudo seis vezes antes de algo acontecer, sabe? E me orgulho de dizer que, desde que entrei na equipe em abril de 2017 até hoje, cometi US$ 1,24 em erros. Eu prefiro ser perfeito, mas ninguém é perfeito, então US$ 1,24 parece aceitável.

É engraçado pensar que talvez eu tenha sido feito para esse trabalho e nunca soube disso. Existem pessoas talentosas em todo o país que estão trabalhando e odeiam seus empregos, que estão entediadas até a morte, que não estão sendo aproveitadas... nem digo em todo o seu potencial, apenas em qualquer potencial. Elas estão desempenhando uma função, lendo um roteiro em um telefone em uma área de telemarketing ou o que quer que seja, e seu potencial nunca é aproveitado. E se aproveitássemos o potencial de todos? Você pode imaginar o que esses funcionários poderiam se tornar?

Eu olho para minha própria vida e as maneiras pelas quais mudei pessoalmente, e é realmente algo. Eu não achava que chegaria aos 18 anos de idade, do jeito que eu estava vivendo.

Não estou mais tendo aquela vida. Nas noites de domingo eu não faço nada. Todos os meus amigos vão ao clube, mas tenho reuniões nas segundas-feiras e preciso vir para o trabalho. Eu tenho coisas para fazer. Então não faço nada aos domingos. Eu tenho esse trabalho, e as pessoas contam comigo.

Esta empresa apostou em mim e eu soube que ela está disposta a arriscar o tempo todo. É isso que a torna ótima. Se alguém falhar, a atitude é: "Ei, você não vai ganhar todas as vezes, mas você definitivamente não vai ganhar se não tentar". É o tipo de coisa que os *coaches* ensinam, os *coaches* da vida ensinam e os palestrantes motivacionais ensinam, mas muitas empresas não praticam isso. Eles sentem medo demais. Quero dizer, eu entendo. Muitas empresas podem não estar em posição de assumir riscos de milhões de dólares. Temos sorte de podermos fazer isso. Mas só chegamos aqui assumindo riscos menores ao longo do caminho, incluindo riscos para os funcionários que desejavam fazer mais do que aquilo para o que haviam sido contratados. Nós simplesmente vamos atrás. Nós fazemos o que parece certo.

Matt Thomas
Merchandising
Eu tenho dois chihuahuas resgatados. Um tem três pernas e um olho.

Eu acabei de fazer dez anos de empresa, e tem sido um caminho bem legal. Acho que, mesmo antes de começar na Zappos, foi meio estranho como eu fiquei sabendo da empresa. Eu trabalhava para uma agência de aluguel de equipamentos pesados, escrevendo manuais de treinamento e outras coisas (era muito chato), e nossa editora nos levou o Livro da Cultura Zappos de 2005. E ela disse: "Quero que vocês leiam este livro".

O Livro da Cultura era basicamente uma coleção de histórias de funcionários da Zappos (não muito diferentes de algumas das histórias anedóticas que você está lendo nestas páginas), mas eu não tinha ideia do que era a Zappos. Então perguntei.

"Eles vendem sapatos e bolsas", ela respondeu.

Eu tinha vinte e cinco anos e disse: "Não gosto dessas coisas. Não dou bola. Uso sempre o mesmo par de tênis e camisetas". Então ela disse: "Apenas leia. Não precisa ler tudo".

Comecei a ler naquela noite e foi fascinante. Eu estava lendo sobre pessoas que adoram o que fazem e amam seu trabalho, e ninguém tinha nada de negativo a dizer sobre alguém. Então eu pensei: não era assim que eu imaginava o mundo dos negócios.

Eu achava que todas as empresas em todos os lugares eram como Gordon Gekko de Wall Street. Desumanas. Gananciosas.

Então, no dia seguinte, entrei e disse à editora: "Eu li de uma sentada".

"Que ótimo. O que podemos incorporar em nossa área aqui?", ela perguntou.

"Acho que não conseguimos fazer isso com a cultura atual daqui. Não é possível", falei. "Então vou pedir demissão." Entreguei a ela meu Blackberry.

"Você tem alguma coisa em vista?", ela me perguntou. "Não, eu só vou trabalhar lá", eu disse.

Eu sequer entrei em contato com a Zappos antes de sair. Mas senti um enorme alívio ao pedir demissão daquele emprego. Liguei para a Zappos e me disseram que eu precisava me inscrever on-line. Eu me inscrevi para um trabalho no serviço de fidelização de clientes. Minha tia me disse: "Coloque alguns mantras em seu currículo", coisas como "muito trabalho, muita diversão" e outras coisas que me descreviam como pessoa. Pensei que era meio idiota, mas fiz isso. E funcionou. Jacob Palmer, recrutador da Zappos, me ligou. Ele disse: "Ei, estamos com o seu currículo. Adorei os mantras!".

Eles me chamaram e me deram um teste técnico, que foi muito fácil. Era basicamente fazer compras on-line e colocar as coisas nos carrinhos de compras, o que aparentemente muitos candidatos não sabiam fazer em 2007, mas eu me saí bem. Por acaso, encontrei um "erro de cache" em uma das páginas, e o mencionei, o que Jacob disse que demonstrava "grande atenção aos detalhes".

Eu me candidatei a dois cargos diferentes, incluindo um trabalho de conteúdo, mas, depois de fazer toda a turnê da empresa e tudo mais, não importava para qual cargo eu fosse contratado, eu estava totalmente a bordo. O que eu queria mais do que tudo era apenas trabalhar para aquela empresa legal, fazer o turno da noite ao telefone – eu havia acabado de sair da faculdade e ficava acordado até as três da manhã todas as noites de qualquer maneira – e nada mais.

Eu estava feliz.

No fim, fui mandado para o departamento de conteúdo, onde eu fazia várias coisas diferentes. Então, meu amigo Jeff, que fazia parte da equipe de conteúdo, foi para o merchandising e disse: "É um trabalho ótimo. Ficamos olhando para os produtos, falando sobre eles e aprendendo sobre eles. Agora estamos só comprando, em vez de escrever sobre eles".

Eu disse a ele que não estava interessado. Estava feliz trabalhando 40 horas por semana com menos pressão. Tinha ouvido histórias de pessoas daquele setor trabalhando 80 horas por semana. De jeito nenhum! Eu não tinha ambição de fazer algo assim.

Então, um dia, Tom, um dos primeiros fornecedores da Zappos e nosso representante de vendas da Clarks, uma de nossas primeiras grandes marcas, me convidou para ir ao torneio de caridade de Zalloween em outubro. Eu escrevia descrições para a Clarks, e nós havíamos conversado um pouco sobre golfe. Então ele disse: "Temos uma vaga. Eu sei que você gosta de golfe". Eu respondi: "Está bem, parece divertido".

Então, fui ao torneio de golfe e, quando estava prestes a calçar os sapatos, encontrei um rato morto dentro de um deles. Eca... acho que não jogava golfe fazia um tempo. Mas, como eu não tinha outros sapatos de golfe, eu os calcei mesmo assim e senti tanto nojo que não parava de pensar naquele rato morto enquanto Tom me apresentava à equipe.

"Vamos jogar com Fred, Steve, Galen e Jeanne", disse ele. Eram todos figurões que estavam na empresa desde sempre. A única pessoa que eu conhecia e com quem tinha algum relacionamento era Jeanne, porque ela era a diretora do estilo casual. Ela meio que sugeriu que eu tentasse trabalhar em merchandising também, e eu disse a ela: "Não sei, não curto".

Então fomos jogar. Começamos a partida, e acho que, como minha mente ainda estava no rato, eu não estava pensando demais em nada – e eu acabei me saindo superbem logo de cara. Todos na equipe disseram: "Você joga golfe!".

"O golfe me joga", eu disse, "mas já joguei um pouco, sim".

Afundei uma tacada de 10 metros no segundo buraco, e Jeanne disse: "Você está contratado. Você está contratado. Você vai trabalhar para mim".

"Eu não me inscrevi", eu disse.

Eu realmente não achei que ela estivesse falando sério. Mas, meia hora depois, Galen, que eu realmente não conhecia naquele momento, disse: "Ei, sabia que temos uma vaga? E, especificamente, você compraria roupas de golfe. Você obviamente joga golfe. Seria um ótimo trabalho para você. Estou vendo que Jeanne quer que você trabalhe para ela, e eu confio no julgamento dela, então você deveria realmente pensar nisso".

"Uau", eu disse. "Tipo, isso é... UAU!". Eu não conseguia acreditar.

Falei com Jeff e fui honesto. Eu disse: "Jeff, estou com muito medo. Mas sei que não posso deixar o medo orientar a minha vida, e isso parece legal. Parece um emprego dos sonhos para muita gente. Talvez seja o trabalho dos meus sonhos. Então eu vou fazer isso. Vou fazer as entrevistas e quero fazer isso!".

Eu convenci a mim mesmo!

Fiz entrevistas com um monte de pessoas diferentes, e elas me contrataram para a equipe de roupas que estava em crescimento como assistente de merchandising. Assim que comecei, simplesmente adorei. Era intenso. Eu trabalhava o tempo todo – horas extras ilimitadas. Mas em um mês eu estava tomando decisões de negócios de dezenas de milhares de dólares. A Zappos me soltou as rédeas: "Faça o que você quiser". A empresa confiava em mim para seguir minha intuição e meus instintos e usar minha experiência como jogador de golfe. Seis meses depois, eu verdadeiramente adorava o que estava fazendo, mas estava enlouquecendo com o ritmo. "Eu não consigo acompanhar tudo isso", disse para mim mesmo.

Um dia, Terry, meu chefe, que eu conhecia desde o treinamento para novos contratados, me puxou para uma sala e pensei que ele iria me demitir, porque senti que não estava fazendo o suficiente.

Mas Terry, meu amigo, disse: "Não, cara, nós vamos promover você! Você está fazendo um ótimo trabalho, e queremos recompensá-lo por isso". Isso foi há sete anos. Sete anos depois, vi a empresa quadruplicar de tamanho na sede e ainda estou aqui. E é meio estranho pensar nisso. Eu realmente não tinha nenhuma ambição, mas a Zappos tirou isso de mim. Eu só queria trabalhar no turno da noite desta empresa divertida. Era tudo o que eu queria fazer! Mas aqui as pessoas nos dão oportunidades e nos apresentam coisas. Em outras empresas, se você é um comprador, você entra como comprador e provavelmente permanecerá nesse emprego como comprador e talvez se aposente como comprador. É muito desafiador mudar dentro de outras empresas. Mas, aqui, todo mundo se mistura. Os relacionamentos são construídos entre departamentos. Desde o treinamento, formamos amizades. Eu tinha amigos em merchandising com quem havia treinado bem no começo, o que tornou muito mais fácil dar aquele salto. E a construção de relacionamento que fiz aqui foi um ótimo modelo para o que eu queria fazer na minha nova função também. Eu sempre pensei que trabalhar na Zappos era como "ajudar a tornar o mundo um lugar melhor por ajudar as pessoas a serem felizes".

> *Eu sempre pensei que trabalhar na Zappos era como "ajudar a tornar o mundo um lugar melhor por ajudar as pessoas a serem felizes".*

Se eu comprar os produtos certos e as pessoas encontrarem algo que possam amar, é terapia de varejo! Eu as estou ajudando a serem felizes. Não é como salvar bebês, mas ainda assim estou espalhando alegria, certo? (O mais louco é que nós salvamos bebês! Com o dinheiro que arrecadamos no evento beneficente de golfe Zalloween, efetivamente ajudamos duas mulheres a passarem por gestações de risco. Então, nós salvamos bebês.)

Agora, eu sou o responsável pelo torneio Zalloween, que é um desafio que eu nunca imaginaria para mim. É um grande torneio de golfe. É como planejar uma festa de casamento todos os anos. Mas é divertido. E nada disso teria acontecido se a Zappos não fosse construída da maneira como é, para apoiar seus funcionários e vê-los como eles são, e para dar e eles oportunidades de expressar quem são através do trabalho.

Também vi meus amigos progredindo aqui, e isso é super-recompensador. Alguns subiram muito mais do que eu, mas eu não sinto ciúme ou inveja. Eu quero vê-los tendo sucesso. O sucesso deles é o meu sucesso. Ao ver um funcionário crescer, eu me sinto como um pai orgulhoso. Fico superempolgado por eles estarem crescendo como pessoas.

Nós temos rivalidades. Mas são rivalidades leves. Fazemos piadas sobre negócios e incentivamos as pessoas a serem melhores. Todos passamos pelas mesmas provações e tribulações, embora em níveis diferentes. Temos uma experiência compartilhada que nos une e somos capazes de dar conselhos uns aos outros, como "ah, talvez se você tentar isso ou aquilo... eu fiz assim..."

Tem a ver com trabalhar juntos. A regra de ouro para todos os comerciantes da Zappos, assim como no RH, é tratar as pessoas como desejamos ser tratados.

E a grande lição disso é: não é preciso ser uma fera para ter sucesso.

Tyler Williams
Diretor de Brand Aura
Assisti à série inteira de Smallville duas vezes (217 episódios cada vez).

Aos oito anos de idade, eu tinha 100% de certeza de que seria um astro do rock.

Claro, até ser um astro do rock, ser músico não paga muito bem. Então, quando saí da escola, precisei manter empregos "reais" em paralelo. Fiz coisas desde inspeção de tanques de petróleo no Alasca a construção, passando por produção, mas sempre tive esse fascínio pela maneira como as coisas funcionam, por mexer em coisas e construí-las. Quando tocava em uma banda, eu construía as peças de cenário, fazia a iluminação e o design de som, aprendi a gravar a banda e ajudava nas mídias sociais.

Uma das coisas em que sempre acreditei é que às vezes os músicos são os maiores empreendedores porque precisam ser. Eles dedicam dezenas de milhares de horas a ensaios, precisam gerenciar relacionamentos pessoais que são altamente emocionais dentro do grupo, um monte de artistas. É preciso arriscar tudo, pegar uma van, levantar dinheiro, implorar, pedir emprestado, roubar, o que for, para colocar sua música nas mãos das pessoas, o tempo todo sabendo que se tem uma chance em um milhão de conseguir. Mas isso não impede os músicos de se autopromoverem, criarem um produto, investirem tempo e dinheiro pessoais nesse produto e levar outras pessoas a investirem seu tempo e dinheiro pessoais em tudo isso também.

Como músico, acho que naturalmente aprendi muito dessa mentalidade empreendedora, ou talvez tenha aprendido desde o início e não tenha reconhecido o que era. Mas nunca tive medo de arriscar.

Antes de encontrar a Zappos, estava em turnê com uma banda, e era realmente um bom trabalho. Eu estava ganhando um bom dinheiro como baterista. Eu tinha sido contratado por uma banda em turnê. Mas, quando a EMI e a Universal se fundiram, a banda caiu fora do selo. Então, voltei para casa depois de passar quatro anos na estrada, me sentindo esgotado, e disse à minha mulher: "Acho que não quero mais isso. Tipo, talvez eu possa encontrar um bom trabalho em Las Vegas". Las Vegas é uma ótima cidade para músicos. Eu conhecia alguém do Blue Man Group, onde fiz um teste e provavelmente acabaria sendo contratado para ser o baterista reserva deles. Não como um Blue Man, mas como baterista da banda. Minha mulher chegou em casa naquele dia e disse: "Ei, fiz um tour por uma empresa hoje. Acho que você deveria dar uma olhada".

Ela contou que conheceu o "coach de vida" e o diretor de RH da empresa e disse: "Todo mundo estava rindo e se divertindo, e as pessoas ficavam fazendo piadas umas com as outras". E então ela disse (e essas foram as palavras dela): "Parecia uma creche para adultos em que eu me sentiria confortável em deixar você!".

Em primeiro lugar, não tenho certeza do que isso diz sobre ter um baterista como marido. Mas, em segundo lugar, pareceu muito legal! Eu nunca tinha ouvido nenhum local de trabalho ser descrito dessa maneira. Eu nunca tinha ouvido falar da Zappos. Então fui ver o que era. Pesquisei no Google e fui parar no YouTube. Tony tinha acabado de lançar *Satisfação Garantida* nas livrarias, então eu comprei. Eu realmente me conectei com aquela mensagem de entregar felicidade. Eu me conectei com os Dez Valores Fundamentais.

No site, dizia que eles precisavam de um currículo, um histórico de trabalho, todas as coisas típicas, e eu pensei: "Droga. Eu mal terminei o ensino médio, nunca fui para a faculdade e, além disso, passei os últimos quatro anos fazendo turnê com uma banda como contratado, de modo que eu não tenho *nenhum* histórico de trabalho". O que eu ia dizer a eles? "Eu sou baterista"?

E então li uma estatística que dizia que era mais difícil entrar na Zappos do que entrar em Harvard, e fiquei realmente desanimado. Foi só quando percebi que eles tinham a opção de incluir uma carta de apresentação em vídeo no pedido de emprego que pensei que poderia ter uma chance. Um vídeo eu poderia fazer. "Essa é a única maneira pela qual eu vou me destacar", pensei, "porque meu currículo é uma porcaria".

Minha mulher me incentivou. Ela disse: "Você sabe o quê? Os valores fundamentais deles são importantes. Por que não usa sua criatividade e escreve uma música sobre eles?". Foi o que eu fiz. Isso se transformou em um projeto maluco que levou cerca de três semanas, em que trabalhei em um estúdio com tela verde, compus uma canção baseada nos Dez Valores Fundamentais que gravei e fiz um vídeo com oito eus, dançando, cantando e tocando todos os instrumentos. Era mais do que ridículo, mas eu enviei. E, literalmente cinco minutos depois do envio, recebi uma ligação de Michael, o gerente de recrutamento da época, dizendo: "Ei, na verdade não temos uma vaga para você, mas venha aqui porque queremos conhecê-lo e descobrir alguma coisa!".

> *Eu me lembro de assistir ao vídeo quando Tyler o enviou on-line, ter adorado e encaminhado para Christa. Confira aqui: https://youtu.be/6uevQOLYMBo.*

Então fui até lá, e ele me colocou junto com a equipe de audiovisual. Eles tinham uma vaga no departamento, mas me avisaram imediatamente que não poderia ser minha. "Seu vídeo é ótimo, mas, apenas para você saber, não vamos contratar você", eles disseram. "Nós gostamos de contratar pessoas de dentro, e temos alguém na fidelização de clientes em quem estamos de olho e já está aqui há um tempo e queremos dar a ele a oportunidade". Eles disseram que ainda não me conheciam e não sabiam se eu me encaixava na cultura da empresa. Com isso, eles realmente me mostraram o quanto valorizavam a cultura em detrimento da qualificação.

Fiquei chateado, mas também fisgado. Tipo, "Uau, essa empresa é legítima. Eles praticam o que pregam".

Eu estava caminhando para o estacionamento e Kari, que estava no RH na época, veio correndo e disse: "Ei, que pena que você não conseguiu a vaga no audiovisual, mas gostaria de começar pelos telefones?". E eu disse: "Claro!".

Se a fidelização de clientes tivesse sido a primeira coisa oferecida por eles, eu teria ficado empolgado. Então, comecei trabalhando nos telefones, adorei e, lentamente, trabalhei para estagiar no programa de treinamento. Passei a treinar outras pessoas que estavam entrando na empresa. Eu adorava aquilo. Fiz isso por um ano, e então meu estágio terminou e eu meio que fiquei em uma encruzilhada. Ao longo dos dois primeiros anos de minha jornada na Zappos, as pessoas descobriram que eu era bom em algumas coisas. Por exemplo, eu podia construir um carro alegórico de Halloween ou ajudar na distribuição de energia em eventos. Eu simplesmente me oferecia para tudo o que podia.

Quando eles contratavam equipes de produção para iluminar um evento, as pessoas vinham até mim para fechar os contratos e ver se os preços pareciam justos. Acabei me tornando uma fonte de várias coisas diferentes que não estavam na descrição do meu trabalho na fidelização de clientes. E então a maior mudança ocorreu quando recebi um e-mail da "ninja do tempo" de Tony, como as pessoas chamavam a assistente dele, Liz. Ela disse: "Temos uma emergência. Tony vai falar para a Amazon, a Disney e um monte de executivos no apartamento dele hoje à noite e ninguém contratou o audiovisual", o que significava que ele não tinha microfone, projetor, nada. "Estamos em uma situação difícil."

Parti para o resgate.

Naquela época, o apartamento de Tony ficava no Ogden, e eram na verdade três apartamentos com paredes derrubadas entre eles.

O lugar tinha três cozinhas, três salas de estar, três conjuntos de quartos, como um grande labirinto. Eles não tinham ideia de como transmitir áudio para as pessoas em todo o apartamento, e eu disse: "Ah, pode deixar. Sem problemas".

> *Saí do meu apartamento em Ogden em 2014 e agora moro em um trailer da Airstream. Faz parte de um hotel reformado que foi transformado em uma combinação de comunidade pública que reúne espaço de reuniões comunitário e residencial particular. Enquanto escrevo isso, moro com trinta residentes em Airstreams e Tumbleweed Tiny Houses, 15 cães, cinco gatos e uma alpaca chamada Marley. Tem uma fogueira todas as noites ao lado da cozinha comunitária, da área de churrasco e da piscina.*
>
> *As pessoas perguntam como eu posso viver em um espaço tão pequeno, mas sinto que tenho a maior sala de estar e o maior quintal do mundo. Sempre que saio, há algo acontecendo e pessoas interessantes com quem conversar.*

Montei o equipamento, conferi o som e fiz o vídeo. Fiz tudo sem fio, para não precisar passar cabos por todos os lugares. E Jamie Naughton, que é a chefe de equipe, veio até mim e disse: "Ei, seu nome está sempre aparecendo. Você está ajudando em muitas coisas e agora veio aqui hoje à noite na hora de folga para fazer isso. Tipo, quem é você e qual é a sua?". Conversamos por umas duas horas e, no final, ela me perguntou: "Se você pudesse fazer qualquer coisa, o que gostaria de fazer?".

Eu disse a ela que queria fazer todas essas coisas diferentes que estava fazendo em paralelo, mas em mais quantidade.

"Pode escrever isso em uma descrição de vaga, nomeá-la, colocar um título, nos dizer quanto quer receber e enviá-la?", ela perguntou.

ABAIXO DA SUPERFÍCIE

Eu disse: "Tudo bem!".

Então, criei um termo que imaginei que cobriria todas as várias coisas que eu vinha fazendo: "Fungineer!" (Engenheiro de diversão). Escrevi a descrição de uma vaga dos sonhos, juntamente com o que eu pensava ser um salário adequado, e enviei para ela. Em alguns dias, ela me respondeu: "A vaga foi aprovada. Você é agora o Fungineer".

Que outra empresa faria algo assim?

Acabei fazendo todas as coisas que vinha fazendo em paralelo, só que em período integral, ajudando a organizar nossas reuniões completas (nas quais colocamos todos na empresa em um auditório para uma apresentação descolada e a atualização sobre tudo a respeito da Zappos uma vez a cada trimestre) e todos os tipos de projetos focados internamente. Mas, cada vez mais, eu continuava sendo abordado também pelo lado do marketing experimental, incluindo um dia em que a equipe de Kelly perguntou: "Ei, Tyler, você pode criar o Red Bull Flugtag para nós?". Então eu fui para Portland e construí uma aeronave para o Flugtag, que é basicamente uma competição de asa-delta, com um monte de amadores que não sabem como construir asa-delta. O nosso não voou, e nós caímos em chamas, mas ficou bem legal e, por isso, foi um sucesso. E então Tony começou a me chamar para muitos de seus projetos pessoais. Ele é ótimo em experimentos, como: "E se construíssemos uma jaqueta que tivesse portas de carregamento nela com baterias?". Então eu fiz uma assim para ele. Era um protótipo, uma porcaria com fios pendurados por toda parte, mas funcionava.

Isso foi logo após Tony vender a empresa para a Amazon, e ele fez algo incrível com essa venda. Ele pediu para ser pago antecipadamente, para que não houvesse opções de ações que fossem adquiridas ao longo do tempo. E então ele pediu para receber apenas US$ 36 mil por ano, para não ter algemas de ouro. Isso queria dizer que ele não era incentivado a maximizar os lucros. Tony está tecnicamente doando seu tempo para a Zappos porque paga por todas as suas próprias refeições, entretenimento e viagens, o que gera uma perda para ele, pessoalmente. Foi algo meio que brilhante, porque isso deu a ele a liberdade de trabalhar nas coisas pelas quais era apaixonado na Zappos.

O acordo que Tony fez com a Amazon estipulou que ele poderia administrar a Zappos de maneira única, desde que alcançássemos nossas métricas de sucesso mutuamente acordadas. Ele também criou um orçamento chamado "Brand Aura", que ele controlava. Esse orçamento era destinado a projetos experimentais que não exigiam um ROI direto associado a eles. Eu estava constantemente acessando esse orçamento – não apenas pelas ideias dele, mas também pelas minhas. Eu tinha ideias como: "Ei, devemos colocar música na praça" ou "precisamos colocar um pouco de grama para um cachorródromo no campus". E ele financiaria as coisas com esse orçamento.

Por fim, Tony, que estava dedicando bastante tempo à DTP Companies, apenas disse: "Ei, quer simplesmente assumir o orçamento de Brand Aura? Porque eu confio em você, acho que você tem boas ideias, e eu não tenho tempo para realmente administrar esse fundo adequadamente".

> *A DTP Companies, anteriormente conhecida como Downtown Project, é uma organização separada, pessoalmente financiada por mim e alguns outros dos primeiros funcionários da Zappos, focada em ajudar a revitalizar o centro de Las Vegas. Mais de US$ 350 milhões foram investidos em imóveis, pequenas empresas, startups de tecnologia, educação, arte e festivais de música para ajudar a criar um bairro para pedestres que seja um lugar de inspiração, criatividade, energia empreendedora, mobilidade ascendente e descoberta.*

ABAIXO DA SUPERFÍCIE   117

Lembre-se, eu sou o baterista. Sem currículo. Que começou nos telefones.

"Claro!", eu respondi, sem ter ideia de onde estava me metendo. Quando assumi esse orçamento, faltavam dois meses para o fim do ano e havia muito dinheiro sobrando. Por isso, decidimos pegar algo que havíamos feito no campus e transformar em um evento nacional: adoção de animais de estimação. Aquelas festas de adoção de animais de estimação no campus eram um sucesso e faziam com que nos sentíssemos tão bem que pensamos: "O quanto seria incrível para a marca se pudéssemos entregar esse tipo de felicidade a um monte de comunidades diferentes? E o quanto seria bom encontrar novas casas para um monte de animais de estimação até o Natal?".

> *Eu fui a um dos nossos dias de adoção de cães no campus "apenas para dar uma olhada" nos cães... acabei levando para casa um cruzamento de terrier chamado Blizzy (abreviação de Blizzard, nevasca), que ainda mora comigo hoje e de alguma forma acabou com sua própria conta no Instagram (@blizzy), onde você pode vê-lo ao lado de Britney Spears, Sarah Jessica Parker e Batman quando não estou por perto.*
> — Tony

Todos se uniram por trás desse projeto. Um enorme agradecimento aos meus colegas zapponianos como Stevie e a um milhão de outras pessoas apaixonadas. A empresa realmente adorou a iniciativa, e o público também. Viramos tendência no Facebook e começamos a receber muito amor on-line pelo que estávamos fazendo. As organizações de adoção receberam muita atenção e doações extras e ainda fizemos muitas famílias felizes. Aquilo não tinha absolutamente nada a ver com nosso site ou com os produtos que vendemos, e tudo bem! Nosso negócio principal é o serviço, e era exatamente isso que estávamos fornecendo. Além disso, eu tive a chance de fazer uma turnê novamente, de certa maneira. Não com uma banda de rock, mas com aqueles incríveis eventos em cidades de todo o país.

Desde então, tenho supervisionado todos os tipos de projetos, sugeridos por uma ampla gama de funcionários daqui, para todo tipo de ideias experimentais – muitas das quais podem se transformar em negócios totalmente novos para nós. Todas essas ideias são baseadas em serviços, para oferecer às pessoas melhores experiências na vida e nos negócios. Tivemos, por exemplo, uma equipe criando um banheiro portátil melhor para usar em eventos esportivos e shows, porque... quem não quer uma experiência melhor de banheiro portátil? Eles são nojentos, certo? Por isso, criamos umas "festas portáteis" superlimpas, com ótima iluminação, espelhos, pias de verdade e tecnologia para aliviar o cheiro.

Outra equipe teve uma ideia de casulos de trabalho privativos que poderíamos montar em grandes conferências de negócios, para que os participantes pudessem entrar no saguão, alugar um espaço de miniescritório particular com uma mesa de trabalho, à prova de som o suficiente para bloquear o ruído enquanto eles faziam telefonemas e liam e-mails. Essa ideia foi um grande sucesso. Estamos experimentando todo tipo de coisa.

É. Brand Aura. É isso que passo meu tempo supervisionando hoje em dia, e é incrível. É um emprego dos sonhos. Estamos

> *É um emprego dos sonhos. Estamos inovando, explorando, experimentando, encontrando maneiras de expandir nossa marca e nossa marca de serviço ao mundo dessa forma realmente genuína e empreendedora.*

inovando, explorando, experimentando, encontrando maneiras de expandir nossa marca e nossa marca de serviços para o mundo dessa maneira realmente genuína e empreendedora, que rivaliza com toda a empolgação que eu costumava sentir quando estava na estrada com uma banda de rock. Só que aqui eu faço isso com um salário fixo e não preciso deixar minha mulher por oito meses de cada vez.

Não é um trabalho ruim.

7
NAVEGANDO AS MUDANÇAS

Derrin Hawkins
Marketing experimental e estratégia de marca
Uma vez, pilotei uma aeronave Red Bull Flugtag (obrigado, Tyler!) e mergulhei de uma saliência de 8 metros na água.

Esse era o nosso futuro.

Graças aos nossos valores fundamentais e à cultura que promovemos, havia histórias de funcionários liberando suas próprias energias criativas por toda a empresa, de várias maneiras diferentes. Eles estavam superando as expectativas – em muitos casos, até suas próprias expectativas. Estavam desafiando as velhas maneiras de fazer as coisas. Estavam formando novas equipes, apresentando novas ideias que impulsionavam o negócio. A natureza orgânica dos funcionários orientando uns aos outros, as promoções internas, o cultivo cruzado de ideias entre departamentos: era daí que vinha a maior parte da empolgação na Zappos.

Tony sabia disso. Ele via e promovia isso, muito antes da aquisição pela Amazon.

> *A natureza orgânica dos funcionários orientando uns aos outros, as promoções internas, o cultivo cruzado de ideias entre departamentos: era daí que vinha a maior parte da empolgação na Zappos.*

Havia apenas um problema: nós não estávamos mais operando sob o mesmo teto. Desde a mudança da baía de São Francisco no início da década de 2000, a equipe da Zappos cresceu e se espalhou por três edifícios em um amplo campus em Henderson, Nevada. E não importava quantas atividades de conexão planejássemos ou quantas reuniões completas realizássemos, sempre havia uma separação física de vários departamentos da empresa, devido ao layout dos prédios.

Em 2011, Tony decidiu que estava na hora de mergulhar a empresa no coração de Las Vegas e derrubar as barreiras típicas que se formam quando as organizações se tornam tão grandes que se distanciam da comunidade.

Ele poderia ter escolhido mudar a empresa para qualquer lugar. Mas, para onde quer que nos mudássemos, precisaria estar alinhado com nossos valores fundamentais.

A apenas alguns quilômetros de Henderson, uma propriedade chamou a atenção de Tony. Uma propriedade que ninguém queria: o antigo prédio da prefeitura em ruínas no centro de Las Vegas. Era uma estrutura maciça de concreto que era considerada ultramoderna quando foi inaugurada em 1972. Um local que, até recentemente, abrigava não apenas um monte de escritórios apertados da cidade com tetos baixos, mas uma prisão.

Tenho certeza de que, quando as pessoas imaginam Las Vegas, elas visualizam a Strip. Nas últimas décadas, a imagem de Las Vegas tem sido dominada pelos gigantescos hotéis e cassinos da Strip. The Bellagio. The Venetian. MGM. Paris. É o mundo cheio de dinheiro, entretenimento e luxo, repleto de fontes, que foi apresentado em *Onze homens e um segredo* e suas sequências e em vários outros filmes desde o renascimento de Las Vegas nos anos 1990 e no começo dos anos 2000 com *Jogo de amor em Las Vegas*.

Glamoroso é uma palavra que vem à mente. Sexy, até.

O centro de Las Vegas fica a alguns quilômetros da Strip e, no início de 2010, poderia estar a um milhão de quilômetros de distância. Foi lá onde Vegas floresceu meio século atrás, em uma era que desapareceu há muito tempo. Era onde as luzes brilhantes do Binion's Gambling Hall e do Golden Nugget ainda existiam, mas agora atraíam jogadores com orçamentos muito menos glamorosos para se sentarem em salas cheias de fumaça de cigarro. Em meados dos anos 1990, houve uma tentativa ousada de revitalizar a rua principal do centro da cidade – Fremont Street. A cidade converteu um trecho de quatro quadras dessa via em uma passarela para pedestres, e um grupo de espírito empreendedor se reuniu e a cobriu com uma cobertura de metal que se iluminava com luzes e projeções de vídeo e dava à área o tipo de brilho pelo qual Las Vegas era famosa. Ajudou. Um pouco. No geral, porém, fora da Fremont Street Experience, o centro de Las Vegas era um lugar que a maioria das pessoas não queria "experimentar". Era um local repleto de terrenos vazios, vitrines vazias e prédios abandonados. A taxa de criminalidade era alta. Era um lugar onde as pessoas não ousavam se afastar muito das luzes brilhantes depois do anoitecer. Um bairro que precisava de ajuda e que precisava desesperadamente de revitalização.

E Tony pensou: *perfeito*.

> *Isso me lembra uma história (possivelmente apócrifa) que ouvi sobre uma empresa de calçados no século 19 que enviou dois funcionários para uma terra distante por um mês para explorar a região e determinar a oportunidade de mercado lá. Um dos funcionários voltou e disse: "Ninguém lá usa sapatos! Não existe oportunidade!". O outro funcionário voltou uma semana depois e disse: "Ninguém lá usa sapatos! Há muitas oportunidades!".*

Ele fez um acordo para arrendar o prédio da prefeitura e reformá-lo para se adequar à cultura da empresa – elevando os tetos e eliminando paredes na maioria dos pisos, para que todos pudessem trabalhar juntos e também ter uma bela vista pelas janelas, além de acrescentar um café e espaços de convivência ao ar livre. Ele também começou a trabalhar nos bastidores, fora da empresa, para dedicar milhões de dólares aos sonhos de um bando de pessoas com ideias semelhantes para criar um projeto de revitalização do centro de Las Vegas, que acabaria transformando o extremo leste da Fremont em um bairro mais novo, mais jovem e mais animado, cheio de bares, restaurantes, locais de música e muito mais. A ideia era começar a comprar algumas das propriedades abandonadas no centro da cidade e iniciar o trabalho de campo inicial para uma revitalização em larga escala quando a Zappos estivesse pronta para ser ocupada.

No início de 2012, Tony anunciou que estávamos definitivamente nos mudando – "Para o centro de Las Vegas!"

Todo mundo meio que se olhou como que dizendo: "O quê?".

Algumas pessoas ficaram empolgadas, outras, hesitantes, e quase todos nós tivemos algum trabalho para alcançar a visão de Tony. O ano e meio seguinte se tornou uma nova aventura em resiliência e mudança de navegação.

Também foi uma oportunidade perfeita para a gerência da empresa descobrir como comunicar esse tipo de plano a uma força de trabalho em crescimento, agora com 1,4 mil funcionários, e fazer isso com o mesmo tipo de amor, cuidado e atenção que resumiam o serviço da Zappos.

Loren Becker
Equipe de comunidade
Antes da Zappos, eu ganhava a vida tirando cracas do fundo de barcos.

Mudar é difícil. Estou aqui há tempo suficiente para lembrar de quando colocamos nossos valores fundamentais no papel em 2006. Quando Tony deixou claro que se esperava que todos vivessem por si próprios, houve quem fosse embora voluntariamente. E alguns foram demitidos porque descobrimos que o comportamento e os valores deles não se alinhavam com os nossos valores. Como tínhamos apenas algumas centenas de funcionários na época, foi um golpe ver tantos irem embora ao mesmo tempo. Algumas pessoas simplesmente não conseguiam entender por que precisavam ser divertidas e estranhas agora, e por que o seu avanço na empresa não podia estar relacionado apenas ao desempenho, como em qualquer outro lugar. Tipo, por que eles precisavam sair e passar tempo com seus colegas de trabalho? Muitas das coisas que fizeram da Zappos um sucesso simplesmente pareciam estranhas quando foram introduzidas. Foi uma grande mudança e, para algumas pessoas, os Valores Fundamentais pareciam bobos. Fúteis. Revolucionários demais. Então elas foram embora.

Nós queríamos facilitar essa transição. Não queríamos dizer "é o que a casa oferece", como muitas outras empresas em crescimento podem fazer. Queríamos cumprir o nosso primeiro valor fundamental ("Entregar UAU através de serviços") – neste caso, para nossos próprios funcionários. E, mesmo que não fosse minha função principal aqui, eu acabei contribuindo bastante para esse esforço.

Se tivéssemos feito uma pesquisa no momento do anúncio da mudança, eu diria que realmente metade dos funcionários não queria se mudar para o centro da cidade, então enfrentamos o seguinte desafio: como convencer essas pessoas de que tudo ficará bem?

Não era algo que poderia acontecer da noite para o dia. Levou tempo, exigindo, em última instância, que fizéssemos a mudança antes que as pessoas a compreendessem totalmente.

Mas, durante a transição, abrimos um escritório no centro da cidade, para que pelo menos algumas pessoas começassem a ter uma ideia da área. Em seguida, começamos a fazer passeios de ônibus pelo bairro, passeios por moradias e eventos no centro da cidade, apenas para levar os funcionários a descer, explorar e olhar o centro de Las Vegas com novos olhos.

Fizemos passeios pelo nosso prédio enquanto ele estava em construção, passeios de capacete, para que as pessoas pudessem vê-lo sendo montado. Nós realmente queríamos incluir a todos, desde o anúncio até a transição, e descobrimos que as pessoas tinham muitas perguntas. Então, decidimos respondê-las.

Dei início a uma revista como uma maneira de responder aos medos dos funcionários, o que foi divertido e emocionante. Eu não sabia nada sobre edição. Fiz o primeiro número no meu laptop, no Microsoft Publisher, e o grampeei. Chamei a revista de Downtown Zappos Employee Newsletter (boletim para funcionários da Zappos Downtown) e, no começo, era basicamente apenas um guia de recursos: "Aqui estão algumas informações sobre moradia. Aqui estão algumas informações sobre o que fazer no centro da cidade". As pessoas não sabiam para onde ir, o que estava acontecendo. Incluí uma agenda de eventos: "Confira esta mostra de arte, confira este show. Aqui está a programação no Smith Center" – um novo centro de artes cênicas que estava abrindo não muito longe do nosso novo campus.

Adorei que nossa empresa investisse em um boletim como aquele. E, uma vez que as pessoas viram os dois primeiros boletins que eu criei, o investimento não parou por aí. O que ouvi foi: "Certo, está tudo bem. Nós lhe daremos mais dinheiro. Leve para a impressão". Então, imprimi a edição seguinte como um livreto quadrado, mas basicamente estava fazendo tudo sozinho: tirando as fotos e escrevendo. E eu não escrevo muito bem. Na verdade, com a segunda edição, desafiei a empresa a encontrar todos os erros gramaticais. Todos que os encontrassem receberiam um prêmio, apenas para esclarecer o quanto eu escrevia mal.

Mas então alguns dos redatores da Zappos se juntaram ao esforço, e isso realmente levou a newsletter ao próximo nível.

Um ano depois, percebemos que a agenda de eventos e alguns dos outros artigos que escrevíamos eram úteis para toda a comunidade do centro. Mudamos o nome de Downtown Zappos Employee Newsletter para Downtown ZEN. Quem pegava uma edição talvez não soubesse que se tratava de uma publicação da Zappos, mas foi daí que o nome veio. Depois de imprimi-lo e publicá-lo, começamos a colocá-lo em prateleiras por todo o centro da cidade. Eu ia às empresas e perguntava se poderia colocar em uma prateleira e, uma vez por mês, fazia minha rota, aparecendo com um carrinho de golfe deixando revistas, o que foi legal no começo, porque fiquei conhecendo todo mundo no centro da cidade. No primeiro ano, oferecemos anúncios gratuitos para empresas locais, apenas para criar um pouco de boa vontade e envolver as pessoas. No segundo ano, quando a construção estava sendo finalizada e estávamos mais perto de fazer a mudança, nós realmente aperfeiçoamos a publicação. Passamos para um formato de revista completa e encurtamos o nome novamente para DT ZEN. Criamos um site e uma conta no Instagram e a transformamos em uma publicação real. E, à medida que ela chegava um pouco mais à comunidade, havia cada vez menos conteúdo sobre a Zappos se mudando para a obra e cada vez mais sobre o que estava acontecendo na comunidade.

Portanto, a revista não estava apenas ajudando nossos funcionários a conhecerem o centro de Las Vegas, enquanto o próprio centro se tornava cada vez mais conhecido, mas também ajudou a unificar toda a área e trazer um pouco de emoção a todas as mudanças que estavam acontecendo no bairro. Depois que fizemos a mudança, começamos efetivamente a vender publicidade e, dentro de poucos anos, estávamos distribuindo 50 mil cópias da DT ZEN por todo o vale. Mídia impressa não é um negócio fácil e, mesmo com a publicidade chegando, ela não se sustentou por muito tempo. Mas foi uma boa corrida, e ficamos muito orgulhosos do que havíamos criado.

Por um tempo, a DT ZEN inesperadamente se transformou em um negócio paralelo. Um negócio que surgiu da ideia de que queríamos fazer aquela mudança no centro da cidade e, na verdade, queríamos que nossos funcionários se sentissem bem em relação a isso. Ela surgiu de um ponto de serviço. E serviu bem aos funcionários. Acho que esse esforço fez uma diferença real. E, assim como a própria revista se transformou de algo que se referia apenas a funcionários em algo que se integrava à comunidade, muitos funcionários desconfiados da Zappos acabaram passando a ver a vantagem de fazer a mudança. Eles também perceberam como seria divertido ajudar a criar uma nova comunidade no centro da cidade e, assim esperávamos, bom para todos.

Jeanne Markel
Conselheira técnica do CEO Tony Hsieh
Eu tenho a estranha capacidade de reconhecer vozes de celebridades em comerciais de TV e rádio, inclusive de atores obscuros que não ouço há anos.

Eu comecei no início de 2006, pouco antes dos Valores Fundamentais serem colocados no papel, e eu sempre havia trabalhado com calçados. Fui compradora de calçados e, depois, gerente geral. Sou uma especialista em sapatos, há 30 anos no setor. E eu vim para cá e dei um passo atrás para começar como compradora, o que foi uma ótima experiência, porque foi uma maneira de aprender não apenas os sistemas da Zappos, como também a cultura da Zappos.

Fiquei no setor de calçados durante meus primeiros seis ou sete anos aqui, como diretora de equipes, comprando principalmente marcas casuais. Eu estava confortável. Estava fazendo o que sabia fazer.

Eu acho que "confortável" é a palavra que se aplicava ao local onde nossos escritórios estavam também. Eu morava e estava na mesma casa fazia mais de vinte anos, no subúrbio, e gostava muito de onde ficava o campus, não apenas a conveniência do local, mas porque era seguro, maravilhoso e familiar.

Então, quando Tony mencionou pela primeira vez: "Ei, vamos mudar o campus para o centro da cidade", admito que fiquei com o grupo que pensou: "Nossa, vamos nos mudar para aquele tipo de lugar meio abandonado e assustador, aonde ninguém nunca vai?".

Isso claramente me empurraria para fora da minha zona de conforto. E não foi muito depois do anúncio acontecer que eu fui empurrada bem para fora da minha zona de conforto pela segunda vez.

Fred Mossler, um de nossos principais executivos, que havia trabalhado na Nordstrom na mesma época que eu, me chamou para uma sala. Foi uma conversa de cerca de cinco minutos em que ele literalmente disse: "Ei, muitas coisas estão acontecendo no centro da cidade. Nós meio que precisamos de alguém para gerenciar isso. Seu nome surgiu. Eu não pensei em você. Não sei se tem a ver com você. Não sei se você vai gostar, mas você quer assumir essa função e deixar o que realmente gosta de fazer?". E eu fiquei tipo: "Uau, Fred, você me sobrevalorizou demais. Quero dizer, eu claramente sou a pessoa certa para este trabalho!".

> *Para aqueles que não conhecem as tentativas de sarcasmo de Jeanne, eu fortemente recomendo conhecê-las pessoalmente. Na maior parte das vezes, dou 5 de 5 estrelas a elas.*

Mas lá estava: a oportunidade de deixar a Zappos para se juntar à DTP Companies, uma organização separada fundada por Tony para ajudar a revitalizar o centro de Las Vegas, juntamente com o esforço de transferir toda a empresa para a antiga propriedade da prefeitura. Eu não estaria trabalhando com minha equipe de compradores ou com as marcas que conhecia e amava, mas estaria trabalhando em estreita colaboração com Tony e Fred e com algumas das pessoas investidas no ecossistema do centro da cidade, tanto na Zappos quanto na comunidade fora da empresa. Havia algo emocionante nisso tudo. Todo o objetivo era fazer com que nós, como empresa, adotássemos e impulsionássemos as mudanças, e, depois que eu disse "sim", comecei a realmente ver a visão de Tony em ação. Ele estava empurrando a todos nós para fora de nossas zonas de conforto de propósito. Seria um trabalho em andamento, mas o quanto seria empolgante, diferente e legal desempenhar qualquer função possível fazendo parte dele?

Não seria fácil, mas eu podia ver como poderíamos ficar melhores do outro lado.

Na época, foi essa também a sensação da mudança de trabalho. Pareceu assustador para mim na ocasião. Eu estava deixando a minha equipe. Agora percebo que estava sendo um pouco dramática, envolvida pelas emoções. Mas, depois de um tempo, percebi que não estava realmente saindo da Zappos e continuava interagindo com muitas das mesmas pessoas, além de aprender muitas coisas novas.

Então eu fiz isso. Saí e fiquei naquela função por cerca de 11 meses.

A maneira como descrevíamos o centro de Las Vegas antes de nos mudarmos quase faz parecer que era o Velho Oeste ou coisa parecida. E realmente era um clima totalmente diferente.

Chegávamos ao centro, e eu acompanhava Tony e Fred em suas reuniões o dia todo, que geralmente começavam terrivelmente cedo, muitas vezes às sete da manhã, e iam até as onze da noite.

Pelo fato de não haver muita infraestrutura no ecossistema do centro na época e não haver muitos bares e restaurantes abertos, nós nos reuníamos no café The Beat para fazer compras e reuniões o dia todo.

Era muito, muito interessante. Acho que já no segundo dia almoçamos com o prefeito! E eu conheci muita gente nova. Não apenas empresários de alto nível, mas profissionais realmente interessantes, membros da comunidade, pessoas de fora da cidade. Então me dei conta: "Uau, eu nunca teria tido acesso a conhecer um grupo tão diverso no meu antigo trabalho!".

Sair da minha zona de conforto acabou sendo uma coisa muito boa para mim. E tirar a empresa da sua zona de conforto também seria bom para a Zappos.

Quanto mais os planos se realizavam, mais eu via isso. Também os outros funcionários começaram a ver isso através dos passeios, dos textos que liam na DT ZEN e das interações que tinham com aqueles de nós que já estávamos trabalhando no centro e vendo todas as mudanças em primeira mão. Depois que a Zappos fez a mudança, me ofereceram a chance de voltar como "consultora técnica", que é um cargo da Amazon. Eu não sou "técnica", mas estou em uma espécie de papel de consultora de chefe de equipe com Tony. É interessante. Fiz

> *Quando aceitamos a mudança e a impulsionamos, percebemos que é uma oportunidade. Nós aprendemos com isso. Nós crescemos com isso.*

muitas mudanças e assumi funções diferentes nos últimos anos. No começo, foi assustador deixar minha função no comercial e sair daquela caixa, vamos dizer assim.

Mas estou feliz por ter feito aquilo.

Há uma razão pela qual um de nossos valores fundamentais é "Aceitar e impulsionar a mudança". Há uma razão pela qual nos concentramos em "Crescimento e aprendizado". Quando a mudança acontece conosco, é assustador. É desconfortável. A simples ideia de ser empurrado para fora da zona de conforto afasta algumas pessoas.

Mas, quando aceitamos a mudança e a impulsionamos, percebemos que é uma oportunidade. Nós aprendemos com isso. Nós crescemos com isso.

E, quando olhamos por essa perspectiva, a mudança é *boa*.

Kelly Smith
Marketing experimental e estratégia de marca
Atualmente estou aprendendo bateria como meu sétimo instrumento! Oitavo, se contar o kazoo. ;)

Um dos comentários mais frequentes que recebemos dos visitantes de hoje no campus do centro de Las Vegas é: "UAU. Todos os seus funcionários parecem muito felizes!".

Apesar de tantos de nós termos lutado contra e reclamado da mudança, a realidade é que ter todos sob o mesmo teto nos ajudou a nos sentirmos mais conectados. E, quando nos sentimos conectados, levamos essa mentalidade para tudo o que fazemos.

A mudança permitiu que todos os nossos vários departamentos trabalhassem mais próximos, além de nos ajudar a trabalhar mais perto da nossa comunidade. O bairro rapidamente se tornou uma parte ampliada do nosso campus e da nossa família. Reuniões e eventos começaram a acontecer em vários restaurantes, bares e cafeterias no centro da cidade. Alguns de nossos funcionários se mudaram para um antigo prédio de cassino/hotel no centro da cidade, a poucos passos do campus. O resultado de tudo isso é uma comunidade mais unida, onde trabalho e vida interagem sem problemas.

Nesses tempos de parques empresariais e expansão urbana, nosso campus no centro da cidade se sente menos isolado do resto da "vida", e há algo realmente ótimo nisso. Ouvi Tony comparar nossa estrutura a um campus universitário no meio da cidade, como é a NYU em Nova York, onde a pessoa comum não consegue ver onde o campus começa ou termina. A universidade simplesmente faz parte da cidade, e os estudantes fazem parte da comunidade e do bairro. A escola acrescenta vibração à comunidade, e a comunidade acrescenta vibração à escola.

Acho que o que estou querendo dizer é o seguinte: a mudança funcionou. Colocar todo mundo sob o mesmo teto no cenário do centro da cidade aumentou o tipo de interações e discussões aleatórias que desencadeiam a criatividade quando tantas pessoas criativas, motivadas e com espírito de serviço se cruzam todos os dias – no café, esperando o elevador, em restaurantes locais, em bares depois do trabalho ou simplesmente na praça do lado de fora do saguão, aonde todos vamos e onde realizamos tantos eventos voltados para a comunidade.

Jovahn Bergeron
Videografia e redação
Fui colega de quarto de alguém que ganhou US$ 1,7 milhão no aniversário.

Eu ando de skate desde os 11 anos. É meio que um modo de vida. Em 2008, eu havia terminado o ensino médio fazia um ano e pretendia me tornar skatista profissional. Fui patrocinado pela Emerica Footwear, que por acaso é um dos fornecedores da Zappos. Meu representante na época também era o representante da Zappos, e ele disse: "Ei, cara, eu tenho que ir à Zappos. Venha comigo". Eu não sabia o que era a Zappos, mas disse: "Claro, eu vou com você". Estávamos planejando fazer uma viagem para a Califórnia logo depois disso, então fez sentido ir junto.

Nunca vou me esquecer de quando entramos no saguão (foi na sede da Zappos em Henderson, antes da mudança para o centro) e havia pessoas jogando a Dance Dance Revolution logo na entrada. Eu pensei: "Tá certo... não sei o que está acontecendo aqui, mas parece legal!". De repente, alguém se aproximou de mim e disse: "Ei, estamos dando mochilas hoje. Aqui está!". Eu nem havia dito oi ainda, e eles estavam me dando coisas. Eu fiquei tipo: "Tudo bem. Gostei deste lugar!".

Como o representante com quem eu estava tinha uma reunião para ir, ele disse: "Preciso ir, então te vejo daqui a uma hora, mais ou menos". Ele simplesmente me deixou no campus, então eu fiquei andando por lá, sem saber realmente o que era aquele lugar ou com o que as pessoas trabalhavam, mas dava para ver que todo mundo sorria e gostava do que estava fazendo. As pessoas conversavam e brincavam umas com as outras e pareciam estar realmente se divertindo.

Quando saímos, liguei para meu amigo Gonzo e disse: "Cara, vamos nos candidatar na Zappos e conseguir um emprego lá. É muito legal!".

Depois que voltei da Califórnia, acabei me inscrevendo para trabalhar no Hard Rock Café. Parecia que seria um lugar legal para trabalhar também. Mas meu amigo Gonzo seguiu meu conselho, se inscreveu na Zappos e conseguiu um emprego lá. Acabei trabalhando no Hard Rock Café como host por um longo tempo, mas ainda era um skatista com patrocínio e estava indo bem. Estava me preparando para me mudar para a Califórnia para praticar skate em tempo integral. Já havia pedido demissão do Hard

Rock e tudo. Só que, dois dias antes da minha mudança, detonei o joelho esquerdo. Foi ruim. Precisei fazer cirurgia. Todo o meu sonho simplesmente foi interrompido. Naquele momento, todos os meus patrocínios foram cortados.

Fiz a cirurgia e logo fiquei sem dinheiro. Precisei me mudar para o Texas para morar com minha tia, me oferecendo para ajudá-la em casa e fazer algumas coisas em troca de alguma grana enquanto eu me recuperava. Eu realmente não sabia o que ia fazer da vida. Eu tinha depositado todos os meus sonhos em uma carreira no skate.

Não me lembro de quantos meses se passaram, mas, depois de um tempo, Gonzo me procurou. "Ei, você ainda quer trabalhar na Zappos?", ele me perguntou, e eu disse: "Sim, cara. Me ajuda. Faço qualquer coisa agora".

Gonzo me ajudou a entrar, e eu comecei a trabalhar nos telefones da Zappos. Era incrível simplesmente passar o dia conversando com as pessoas e as deixando felizes. Levei um tempo para me adaptar, na verdade. Ficava deixando as pessoas em espera e perguntando: "Eu posso mesmo dar esses sapatos de graça? Posso mesmo fazer um upgrade no envio? Tem certeza de que devo aceitar esta devolução?". Eu ficava achando que teria problemas por fazer demais, sabe? Mas eu me encaixei logo e depois fui promovido à equipe que dá todos os presentes UAU que enviamos aos nossos clientes com base nessas conexões impressionantes, como biscoitos, flores e todas essas coisas. Eu passei a adorar este lugar, como todo mundo aqui. Mas minha carreira no skate simplesmente deixou de existir. Fiquei fora por mais de um ano e, mesmo quando voltei a conseguir andar de skate, sabia que não poderia ir em frente. Precisei deixar aquele sonho de lado.

Ainda assim, eu esperava poder me envolver de alguma forma com o mundo do skate. Tive conversas com nossos compradores aqui, pensando que poderia levar minha carreira nessa direção – escolhendo os calçados, as roupas e as coisas que skatistas gostariam que vendêssemos. Mas, quanto mais eu aprendia sobre o que isso implicava, mais percebia que não era o caminho que eu queria seguir.

No entanto, outra oportunidade de integrar meu conhecimento sobre skate no meu trabalho surgiu muito rapidamente. A Zappos realizou um evento de skate na Fremont Street, no centro de Las Vegas, e eu me ofereci para ajudar. Não havia muito orçamento naquele primeiro ano. Eles construíram uma rampa apenas na altura da cintura. Lembro de chegar perto dela e pensar: "Isso não vai ser bom". Fiquei contente por estarmos pelo menos tentando, porque a Zappos não era realmente conhecida no mundo do skate. Como skatista, eu sei que não compraria minhas coisas na Zappos, mas pensei: "Temos o local para isso acontecer. Só precisamos informar às pessoas que elas podem comprar seus equipamentos através de nós!". Mas aquele primeiro evento foi definitivamente meio sem graça. Não tinha muito UAU.

Eu realmente queria fazer algo incrível e avisei a equipe de eventos. Dei minha opinião, eles me escutaram, e a cada ano os eventos melhoravam.

Mas foi só quando mudamos a empresa para o campus do centro de Las Vegas que eu realmente me dei conta: há uma grande escadaria antiga do lado de fora, com trilhos de metal e uma praça incrível. Eu já tinha visto aquilo antes mesmo de nos mudarmos e pensei que adoraria andar de skate ali. Mas na época não tinha como. Aquilo era a prefeitura. Havia policiais ali em tempo integral. E, mesmo depois que a Zappos assumiu o espaço, sempre tinha seguranças no entorno. Ainda não era possível. Mas, vendo como skatista, eu pensava: "Temos que andar de skate nessa coisa. Não sei como nem quando isso vai acontecer, mas precisa acontecer!".

Foi quando eu tive a ideia: devíamos fazer um evento de skate ali. Parar de fechar a Fremont Street. Parar de construir aquelas rampas todas. "Juro para vocês", eu disse à equipe responsável pelo evento, "que se chamarem os melhores skatistas para virem aqui pular aquela escadaria a mágica acontecerá".

Eis que a equipe me ouviu. Eles me disseram para ir em frente. Montamos um evento de skate no campus, e acho que até hoje foi provavelmente um dos maiores eventos que já tivemos. Havia 4 mil pessoas lotando a praça! Tínhamos dinheiro para premiar as melhores manobras e, um após o outro, aqueles skatistas subiram e começaram a saltar os degraus, e as manobras mais loucas começaram a acontecer. Foi mágico. Foi totalmente sem roteiro. Não era como se tivéssemos um mestre de cerimônias dizendo "e o próximo é o fulano, de Omaha, fazendo um 360", nada disso. Eu disse a eles: "Não, apenas deixem a mágica acontecer. Coloquem skatistas nesse ambiente, e a mágica acontecerá". E aconteceu.

> *Antes desse evento, eu perguntei às nossas equipes jurídicas e de risco se poderíamos transformar nossa garagem de seis andares em um parque gigante para skatistas nos finais de semana, aberto gratuitamente para a comunidade de skate. Eles me disseram rapidamente que não ("E se um skatista acidentalmente pular por sobre uma das paredes dos andares superiores?"), e então eu fiquei superempolgado ao ver o evento de Jovahn pessoalmente. Você pode conferir alguns dos vídeos aqui: https://www.zappos.com/about/stories/good-times-and-fire-rhymes*

Quer coisa mais incrível? Em alguma outra empresa, os superiores talvez reuniriam pessoas em uma sala de diretoria ou realizariam um grupo focal para tentar descobrir como realizar o evento mais legal do skate, e posso garantir que o que eles criariam não seria legal. Aquilo era legal. Foi muito gratificante ver tudo se tornando realidade e ver a Zappos finalmente parecer tão legal quanto deveria parecer aos olhos do mundo do skate. Sinto muito orgulho do que aconteceu naquele dia e do trabalho em equipe que fez aquilo acontecer.

Agora, tenho o sonho de lançar um parque de skate no centro de Las Vegas. Um parque de skate com a marca Zappos. É um sonho de uma vida, ter um lugar como esse aqui no centro da cidade, e tenho certeza de que vamos fazer isso acontecer. Por que não? E então poderemos realizar nossos eventos no parque de skate Zappos todos os anos.

Sou muito grato por trabalhar em um lugar que valoriza quem eu sou e o que trago para contribuir. E vai além do skate também. O evento acontece só uma vez por ano.

O melhor de tudo é que, em junho de 2016, fizemos uma excursão em equipe pelo prédio e eu fiz um vídeo divertido para meu aniversário, naquele dia. Editei o vídeo super-rápido e o entreguei a Tyler Williams, que lidera a equipe de Brand Aura. E Tyler ficou: "Ei, cara, você faz isso? Tipo, é algo que você faz regularmente?". Eu havia aprendido a fazer algumas coisas em vídeo para documentar meu skate na adolescência, mas eu disse a ele que fazia isso apenas por diversão, nada sério.

"Nós precisamos de histórias para que a Zappos se desenvolva nesse tipo de velocidade, então estou disposto a tentar criar uma função que se encaixe com você na Brand Aura", ele disse. Em seguida, fui transferido para a equipe de Brand Aura e me tornei editor de conteúdo da nossa plataforma de blogs. Comecei a gravar vídeos pela empresa, procurando ótimas histórias para contar. E me lembro daqueles primeiros meses perguntando a Tyler: "Que histórias? O que você quer que eu busque?". E ele dizia: "Vá atrás de histórias. Não me pergunte, apenas vá atrás delas". Foi o que eu fiz, e agora faz uns dois anos que eu estou trabalhando com blogs, e nossa leitura vem crescendo. Minha habilidade de contar histórias também está melhorando. Então, eu estou muito, muito empolgado com isso.

Tudo acontece por uma razão. A principal diferença aqui na Zappos é que as pessoas notam. Quando as coisas acontecem, elas importam. As razões se tornam parte do que fazemos. Nossas paixões se tornam nosso foco, e então temos apoio para torná-las reais. E isso simplesmente melhora a experiência para todos.

John Krikorian
Equipe de fidelização de clientes

O "apoio" aqui vai muito além dos negócios. Existe um sentimento de camaradagem. O fato de estarmos todos sob o mesmo teto e nos vermos todos os dias, a maneira como as pessoas realmente se importam umas com as outras (mesmo com 1,5 mil pessoas ou com qualquer que seja o tamanho da nossa equipe hoje), parece que todos fazemos parte de uma família. E isso não é um exagero.

Eu realmente sinto como que, não importa o que aconteça comigo, eu vou ficar bem por causa das pessoas com quem trabalho.

Eu me lembro de que, alguns anos atrás, durante o inverno, logo antes do Natal, o sistema de ar-condicionado e aquecimento central da minha casa estragou. Era uma unidade de teto que me custaria quase US$ 8 mil para ser substituída. Eu não tinha dinheiro suficiente disponível para cobrir uma despesa tão grande naquele ano e, antes mesmo de eu ter tempo para considerar as opções de financiamento, meu chefe criou um GoFundMe para ajudar a cobrir a despesa, e vários colegas de trabalho contribuíram.

Até meu antigo chefe, que não trabalhava mais aqui, colaborou com uma quantia enorme de dinheiro. Foi muito legal. Eu consegui substituir a unidade e ainda comprar bons presentes de Natal para meus filhos.

Eu tenho a sensação de que, não importa o que aconteça, eu vou ficar bem. Eu tenho um sistema de suporte de 1,5 mil pessoas.

Jamie Naughton
Chefe de equipe
Eu tenho um olfato intenso. Isso é ao mesmo tempo uma bênção e uma maldição.

As pessoas ouvem essas histórias de funcionários se apoiando e dos sorrisos no escritório e acho que entendem algumas coisas erradas a nosso respeito. No passado, as pessoas brincavam dizendo que somos uma espécie de "culto" ao local de trabalho ou algo assim, e isso simplesmente não poderia estar mais longe da verdade. Nós contratamos com base em valores, mas a maneira como esses valores se desenrolam, a maneira como eles são expressos — ninguém aqui se parece ou age da mesma maneira. Quanto mais funcionários da Zappos você conhece, mais você percebe que cada um de nós é muito diferente do outro. Nós trazemos pontos fortes diferentes para a mesa e expressamos os Valores Fundamentais em graus variados. Mas, quando o processo de contratação vai bem, e muitos de nós nos juntamos com os mesmos valores, acabamos realmente gostando das pessoas com quem trabalhamos, mesmo que elas sejam muito diferentes de nós.

Não esperamos que todos estejam sorrindo o tempo todo. Isso não é uma regra ou algo assim. Nós apenas criamos um clima e um ambiente de trabalho divertidos para nossos funcionários neste campus. Nós abraçamos a diversidade. Queremos que nossos funcionários tragam todo o seu ser para o trabalho, e sermos humanos significa que temos altos e baixos. Às vezes, nossos baixos afetam o trabalho e, outras vezes, nossos altos afetam o trabalho. Se você vai se casar, talvez seu foco não esteja tanto no dia a dia no escritório. Nós entendemos isso. Ou talvez alguém da sua vida tenha acabado de falecer, e agora seu foco está em outro lugar. Não consigo me imaginar trabalhando para uma empresa que não tenha entendido isso.

Nos 14 anos em que estou na Zappos (vai parecer uma catástrofe), eu tive um incêndio em casa, dois abortos, três bebês, um divórcio, um casamento e a tristeza de minha mãe falecer no ano passado.

E, em todas as vezes, a Zappos foi fundamental para a minha cura ou a comemoração das coisas que estavam acontecendo na minha vida. Eu tenho uma tribo aqui. Todos temos uma tribo. Uma família. Como preferir chamar.

Quando minha mãe faleceu, eu fiquei sabendo às oito horas da noite, e em uma hora havia três colegas de trabalho em minha casa. No dia seguinte, eram 10. Mas essa sou eu. Eu gosto de ficar cercada por pessoas em momentos de necessidade, e o tempo todo, na realidade. Conheço uma funcionária cuja mãe faleceu recentemente, e ela é o oposto. Ela disse: "Eu amo você. Me mande quantas mensagens de texto quiser. Mas, por favor, não venha aqui". Eu respeito isso. Todos respeitamos. Nós respeitamos as necessidades das pessoas e seus limites aqui, de todas as maneiras que podemos.

Tudo isso nos fortalece como empresa. Não nos torna mais fracos, e sim mais fortes. De todas as formas.

Eu posso fazer meu trabalho melhor quando não sinto que estou sacrificando minha família por estar aqui. Não fico mal pela Zappos estar gastando muito do meu tempo longe da minha família, porque, quando minha família começa a precisar mais de mim, a Zappos ficará com um pouco menos de mim por um tempo. E quando a Zappos precisar mais de mim, minha família ficará com um pouco menos por um tempo. E não precisa haver muita pressão e estresse extra para gerenciar esse dar e receber, porque a empresa adota uma abordagem humana em tudo o que é feito. E, como espero que muitos de nossos exemplos tenham mostrado, a recompensa é a longevidade que temos. A retenção que temos. As oportunidades que temos de ver nossos funcionários crescerem em novas funções, porque adoram trabalhar aqui e querem dar tudo de si para uma empresa que faz o melhor para dar tudo de si a eles.

COMPARTILHANDO VALORES

Jeff Espersen
Diretor de merchandising
Eu adoro trabalhar com as mãos. Eu mesmo reformei meu banheiro, a cozinha, minha lareira ao ar livre e a churrasqueira.

Nós claramente contratamos pessoas que não são apenas apaixonadas pelo que fazem, mas também éticas, confiáveis, agradáveis e assim por diante. E todos trabalhamos juntos de uma maneira que apoie essas características e esses valores. Isso não pode ser dito sobre outros locais de trabalho. Eu tive trabalhos anteriores onde passava pelas pessoas, dizia "olá" para elas e elas continuavam andando. E, tipo, "Sério? Qual é. Não é tão difícil."

Ao contratar os que veem e conhecem a diferença entre esses dois tipos de ambientes, acabamos com pessoas muito, muito trabalhadoras que são muito apaixonadas por tornar essa empresa bem-sucedida. Todo mundo faz uma parte, e eu gosto de pensar que todo mundo se sente valorizado por fazer sua parte.

Mas há algo mais que vem com isso: quando estamos seguros de quem somos e do que fazemos, o que é, antes de tudo, o UAU através do serviço, não precisamos gastar muito tempo nos preocupando com o que nossos concorrentes estão fazendo. Nós simplesmente não fazemos isso. Em vez disso, somos livres para nos preocupar com o que estamos fazendo.

Acho que muitas empresas dão errado quando começam a passar mais tempo preocupadas com o que seus concorrentes estão fazendo do que se dedicando a si mesmas. Nos mantemos ligados no que está acontecendo no mercado, é claro. Isso simplesmente faz parte dos negócios. Nunca faz sentido fechar os olhos. Mas, quando se trata de se adaptar a novos desafios e expandir nossos negócios, nossa cultura aqui nos permite focar no que podemos fazer melhor, sabendo que tudo o que fazemos melhor nos diferencia automaticamente de nossos concorrentes – porque não estamos tentando "ser como eles".

E o engraçado é que se voltar para dentro e se concentrar no que estamos fazendo bem e no que podemos fazer melhor não é algo egoísta. Nem um pouco. Na verdade, temos uma longa história aqui de compartilhar o que aprendemos com outras pessoas, incluindo nossos concorrentes.

Nesse sentido, acho que se pode dizer que somos um livro aberto. Afinal, escrevemos este livro que você abriu!

Christa Foley
Diretora de visão de marca, Diretora de aquisição de talentos e Diretora de treinamento de cultura externa

Minha bebida favorita é martíni de vodca, puro, com azeitona recheada com queijo azul... mas o segredo é que ele precisa ser pornograficamente sujo!

Para registro, eu apresentei tanto os martínis de vodca quanto as azeitonas recheadas com queijo azul ao mundo de Christa, embora prefira meus martínis extralimpos e supersecos. Em outras palavras, sem vermute. Em outras palavras, apenas vodca gelada e pura. A propósito, também é realmente difícil encontrar boas azeitonas com queijo azul. As do Ruth's Chris Steakhouse são deliciosas. Eu sempre peço azeitonas de queijo azul extras quando vou lá.

Muito antes de decidirmos escrever este livro, e muito antes de criarmos o título, abrimos um ramo da Zappos chamado Zappos Insights apenas para compartilhar com o mundo as filosofias sobre as quais você está lendo agora.

Ao público, oferecemos passeios pelo nosso campus do centro de Las Vegas. Mas, para as empresas americanas, oferecemos três dias de Culture Camps, uma School of WOW, sessões individuais de perguntas e respostas com especialistas de departamentos da Zappos, palestrantes da Zappos e muito mais. E, ao longo dos anos, todo tipo de empresa aceitou essas nossas ofertas. Guardar os segredos da empresa é uma coisa. Guardar as filosofias e práticas da empresa nas quais acreditamos firmemente e que poderiam tornar o mundo um lugar melhor apenas parece errado. Por isso,

COMPARTILHANDO VALORES

nós compartilhamos o que sabemos – o que, com sorte, empurrará outras organizações (até nossos "concorrentes") para a frente, o que, por sua vez, nos obriga a continuar inovando e avançando.

É um ciclo muito louco de crescimento e conhecimento que ocorre quando convidamos outras empresas para nosso espaço e basicamente abrimos uma escola para compartilhar conhecimento em vez de escondê-lo do mundo. Isso meio que muda o paradigma corporativo tradicional, não é? E nós nunca nos arrependemos de compartilhar nenhum dos insights que compartilhamos.

> *Também calha de isso estar alinhado com nossa declaração de propósito: inspirar o mundo, mostrando que é possível proporcionar felicidade simultaneamente a clientes, funcionários, comunidade, fornecedores e acionistas de maneira sustentável e a longo prazo.*

Eu acho que a maioria de nós cresceu com uma mentalidade de realização. E a Zappos realmente impulsiona uma mentalidade de crescimento. Estamos promovendo o crescimento de nosso próprio pessoal e de outras pessoas e de outras empresas, e realmente queremos inspirar o mundo a criar uma maneira melhor de trabalhar e de ser.

> **Eu preferiria muito mais trabalhar em um lugar onde vender um produto fica em segundo lugar em relação a entregar serviços, e crescer como pessoa é tão ou mais importante do que aumentar os números.**

Posso dizer honestamente que acho que sou uma pessoa melhor, mais feliz, por trabalhar aqui. Eu tenho um filho adolescente. Sou uma mãe solo. E acho que ele tem uma vida melhor e é mais feliz e mais bem-ajustado por causa do meu trabalho aqui. E muito disso volta ao conceito básico de sentir que o que estamos fazendo está contribuindo para algo maior do que apenas tentar ganhar dinheiro, sabe?

Eu tive oito anos de experiência no mundo corporativo tradicional antes de vir para cá. Eu trabalhei com ótimas pessoas, e as empresas em que trabalhei tinham ótimas qualidades. Mas, no final, havia muitas coisas que pareciam uma transação, "apenas negócios". E, sempre que essa frase aparece – "são apenas negócios" –, não dá a impressão de que a vida simplesmente desaparece da sala? Não é um sentimento bom. Eu preferiria muito mais trabalhar em um lugar onde vender um produto fica em segundo lugar em relação a entregar serviços, e crescer como pessoa é tão ou mais importante do que aumentar os números.

Crescer não é fácil. Quando Tony me fez trocar o setor de recrutamento pela Zappos Insights, foi uma transição muito difícil para mim. Eu trabalhava com recrutamento fazia 15 anos. Eu não sabia nada sobre B2B (business-to-business), especialmente com foco educacional. Mas já faz sete anos desde que passei para a Zappos Insights, e eu adoro! (Observação divertida: eu também tive a chance de ajudar a liderar a equipe de recrutamento novamente, então o círculo se fechou. ☺)

A lição que isso me ensinou, que espero estar passando para o meu filho, é que, se estamos tomando uma decisão difícil e nosso motivo para dizer "não" é simplesmente porque a situação nos deixa desconfortáveis ou porque não temos certeza de conseguirmos sucesso, esse não é um bom motivo para dizer não.

> *Então me diga novamente por que você não sobe ao palco para nossas reuniões completas, Christa?* ☺

Essa lição se aplica tanto aos negócios quanto à vida de qualquer indivíduo.

Essas lições certamente impactaram minha vida, juntamente com o pensamento sobre todos os nossos valores fundamentais e o pensamento sobre meus valores pessoais. Eu nunca tinha pensado muito nisso antes de vir para cá. Não tenho certeza se a maioria das pessoas pensa sobre sua moral em termos tão concretos.

Mas tudo importa. A vida no trabalho e em casa se torna um pouco melhor, talvez muito melhor, quando nos mantemos firmes.

Nem sempre é perfeito, é claro. Só porque compartilhamos valores comuns não significa que não discordamos. Um relacionamento nem sempre é luz e alegria o tempo todo, e esse tipo de local de trabalho tem tudo a ver com relacionamentos. Uma família também não é fácil. Existem dificuldades. E, quanto maior ficar a nossa família Zappos, mais dificuldades vai haver. Mas a diferença, penso eu, é que, não importa o que aconteça, nós trabalhamos juntos. Podemos discordar, mas trabalhamos com isso, porque todos queremos ter sucesso. Todos queremos que esta empresa tenha sucesso. E nós realmente nos importamos uns com os outros, com nossos clientes e com todos com quem trabalhamos – dentro e fora deste edifício.

John Krikorian
Equipe de fidelização de clientes
Eu tenho um porco chamado Fig.

Eu só quero mencionar o nosso programa de ajudantes de fim de ano mais uma vez, porque ele realmente chega ao cerne do que experimentamos com a ida para o centro da cidade e com todas as mudanças notáveis e francamente assustadoras que começaram a se desdobrar depois que fizemos a mudança.

E isso lembra a todos que estamos juntos. A Zappos não é uma companhia de "eles" e "nós", os superiores e os inferiores. O topo versus a base da pirâmide. Nada disso. E somos lembrados disso todos os anos.

Quando comecei, em 2009, estávamos contratando constantemente. Simplesmente não tínhamos gente suficiente para lidar com o volume de chamadas. Durante a época mais importante do ano, precisávamos do máximo de ajuda possível. Costumávamos pedir que todo mundo fora da equipe de fidelização de clientes nos ajudasse durante a estação mais movimentada, normalmente da Black Friday até o final de janeiro, ou algo assim.

Ao longo dos anos, isso evoluiu um pouco, porque na realidade não precisamos mais da ajuda. Temos gente suficiente para trabalhar nos telefones e a capacidade de contratar apoio sazonal quando temos um grande volume de chamadas. Mas Tony e a liderança sempre acreditaram que essa é uma parte importante da nossa tradição que deve ser mantida viva. E eu concordo.

É um lembrete de que, independentemente de qual seja o seu trabalho na empresa, o que você faz terá um impacto no cliente. É importante que as pessoas se conectem com os clientes e lembrem-se de como é o atendimento em primeira mão.

Ao mesmo tempo, gera empatia pela equipe de fidelização, porque às vezes nossa equipe dos telefones pode se sentir isolada do resto da empresa. A Zappos trabalha duro para não fazer com que eles se sintam assim, mas ver pessoas de toda parte sentando ao seu lado nos telefones durante o Natal é uma maneira infalível de eliminar esse sentimento.

Também ajuda a impulsionar a inovação tecnológica para nós. Quando alguém de tecnologia trabalha nos telefones durante as férias, lida diretamente com os problemas dos clientes e percebe que algo no sistema é lento, difícil ou complicado, fica inspirado a mudar e melhorá-lo. Como exemplo, tivemos um tipo avançado de troca que costumava ser um processo de várias etapas em nosso sistema.

> *Uma "troca avançada" tem sido um segredinho divertido que fazemos para qualquer pessoa que ligue querendo realizar uma troca (geralmente o mesmo estilo, apenas para um tamanho diferente). Nós enviamos o par de sapatos de reposição ao cliente durante a ligação antes de recebermos o par original de volta.*
>
> *Os clientes ficam impressionados porque confiamos neles.*

Um de nossos desenvolvedores encontrou esse problema em primeira mão e sentou-se no dia seguinte para escrever um código que alterasse o processo para um único botão. Um botão, e todos os sinos disparavam e faziam tudo sozinhos. Surpreendente.

Mas a melhor parte de tudo é realmente enviar esse sinal para toda a empresa, ano após ano, de que estamos juntos nisso. Todos os anos, Tony se inscreve para trabalhar nos telefones em alguns de nossos dias com maior volume de chamadas. Por exemplo, 26 de dezembro, um dia depois do Natal, é quando todo mundo liga com trocas, devoluções, vales-presentes que receberam dentro das meias e muito mais.

É muito legal vê-lo lá, ao lado de todo mundo.

Lembro de quando eu era ajudante na fidelização de clientes e Tony estava lá e precisou de ajuda para processar um reembolso ou algo assim. Eu fiquei pensando: "Isso é tão estranho. Eu estou ajudando meu CEO a ajudar um cliente!".

Então eu perguntei a ele: "Como você se apresenta ao telefone? Você diz alguma coisa?".

Ele respondeu: "Por um tempo, eu dizia 'Oi, aqui é o Tony, o CEO!', mas as pessoas apenas diziam 'Oi, Tony, eu preciso de um novo par de sapatos'. Eles realmente não davam muita importância para isso. Então eu parei. Eu apenas me apresento como qualquer outra pessoa aqui".

Manter essa tradição não é algo que precise acontecer. Mas ela mantém as pessoas com os pés no chão e conectadas ao que todos estão aqui para fazer e à força motriz da empresa.

Jeanne Markel
Consultora técnica do CEO Tony Hsieh

Este ano, meu marido e eu decidimos visitar todos os 30 estádios da MLB e uma vinícola em cada estado. Até agora, já visitamos sete dos 30 estádios e apenas cinco das 50 vinícolas. Então, temos um longo caminho a percorrer!

Saber que todos trabalhamos ao telefone todos os anos, saber que fizemos a transição para o centro de Las Vegas juntos, tudo isso faz parecer que podemos fazer qualquer transição juntos. Isso amplifica o sentimento de família na empresa, e sinto que não posso dizer isso sem parecer cafona, mas, para mim, esta é a minha família. Tipo, literalmente. (Minha família real em casa apenas daria risada e diria: "Tá! Eles são a família dela mesmo", porque eles também fazem parte da família Zappos.) As coisas que fazemos juntos e a maneira como interagimos uns com os outros, eu simplesmente não acho que isso exista em outro lugar. E gostaria que existisse.

Depois de trabalhar aqui por tanto tempo, e vendo o que passamos e para onde estamos indo, eu realmente tenho a mentalidade de que, se colocarmos as pessoas certas em um ônibus, esse ônibus cheio de pessoas vai descobrir o que fazer. Não importa o que aconteça. Independentemente dos obstáculos ou buracos que aparecerem, vamos trabalhar juntos para descobrir a melhor maneira de superar cada um deles.

Não tenho como enfatizar o quanto essa mentalidade se tornou importante para essa empresa.

No momento em que nos instalamos em nosso novo campus no centro de Las Vegas, acho que muitos de nós ganhamos a confiança de saber que, mesmo quando estamos fazendo coisas difíceis, coisas que nunca foram feitas antes, esse é o grupo com quem queremos estar, não importa o que aconteça. Tudo o que precisamos fazer, qualquer que seja a forma como precisamos nos apoiar, como quer que devamos nos adaptar ou mudar para continuar seguindo em frente, sabemos que este grupo é capaz.

CONDUZINDO A MUDANÇA

Tony Hsieh
CEO
Eu amo fazer sopas aleatórias com sobras.

> *Para sua informação, o conteúdo da "minha" seção que você está prestes a ler foi baseado nas entrevistas de Mark comigo, mas, na verdade, foi escrito por Mark. Embora eu possa não ter usado essas palavras exatas (como "gestão" ou "líderes"), o conteúdo é preciso e representa meu ponto de vista. Mas essas "bolhas de pensamento", como a que você está lendo agora, são todas escritas por mim. Bem-vindo ao mundo dos bastidores da publicação de livros.* ☺

Alguém do mundo dos negócios tradicional poderia ter olhado para a Zappos quando entramos em 2014 e dito: "Óti-

mo! Vocês estão todos sob o mesmo teto, vocês se estabeleceram em sua nova parceria e têm uma coisa ótima acontecendo aqui! Apenas continuem fazendo o que estão fazendo. Não balancem o barco. Encontrem novas maneiras de obter mais lucros com esse negócio incrível que já construíram e estarão perfeitos".

Esse não era um risco que eu estava disposto a correr. Além disso, eu provavelmente ficaria entediado se ficássemos fazendo a mesma coisa para sempre.

O tempo médio de vida de uma empresa S&P 500 é de cerca de 15 anos. Nós estávamos *lá*. Se sossegássemos agora, se seguíssemos o caminho típico de "eficiência" e "cortes" e nos mantivéssemos em nossa zona de conforto, sabíamos que nosso declínio acabaria vindo, já que o futuro padrão das empresas é a morte. (Em geral, a pesquisa mostrou que as empresas não resistem ao teste do tempo.) Sem mencionar se houvesse uma grande mudança no mercado que afastasse os clientes das vendas on-line, ou se acontecesse alguma outra mudança inesperada que não pudemos prever – sendo essa a natureza de uma mudança inesperada –, quem sabe o que poderia acontecer?

Não estava na hora de sossegar. Estava na hora de avançar. Estava na hora de dobrar nosso valor fundamental de "Aceitar e impulsionar a mudança", a fim de tornar a Zappos mais resiliente.

Estava na hora de pegar o que havíamos conseguido como empresa até então e encontrar novas maneiras de chegar ao próximo nível, em nossos próprios termos.

Para mim, isso significava fazer alterações na estrutura de gestão. Não contratando e demitindo. Não mudando a equipe. Mas implementando uma nova estrutura gerencial que afastasse a mim e a toda a nossa estrutura hierárquica típica e vertical, para permitir que o progresso, a inovação e a resiliência que plantamos firmemente nas raízes da empresa crescessem e florescessem.

Imagine uma estufa cheia de plantas e imagine que cada planta represente um único funcionário.

Em uma empresa típica, o CEO pode ser visto como a maior, mais forte e talvez a mais carismática planta e todas as outras se esforçam para um dia se tornar como ela. Nunca foi assim que eu vi a mim ou ao meu papel como CEO.

Em outras empresas, o CEO pode ser o principal jardineiro da estufa, aquele que gerencia no detalhe o bem-estar de cada planta, enfiando as mãos na terra e medindo a acidez do suprimento de água. (Isso é algo que os jardineiros fazem? Não tenho certeza. Eu nunca pratiquei jardinagem.) Enfim, também não é assim que me vejo.

Quando penso no meu papel aqui na Zappos, penso no meu papel mais como o arquiteto da estufa, onde, nas condições certas, as plantas florescem e prosperam por conta própria. Quero garantir que tudo seja construído de acordo com determinados padrões e mantido adequadamente, para que todas as plantas cresçam e alcancem seu potencial máximo. Posso entrar para substituir uma janela ou ajustar a estrutura de vez em quando, até nos mudar para uma nova estufa, se necessário, mas, na maioria das vezes, gosto de ficar fora do caminho – para não lançar uma sombra que diminua a velocidade do crescimento natural.

Esse tem sido basicamente o tema da maior parte da minha vida adulta.

Eu costumava dar muitas festas, mas nunca fui a *vida* da festa. Eu estava mais interessado em organizar o fluxo e ver o que acontecia quando pessoas de diferentes setores da vida se cruzavam no ambiente, incentivadas pela música, as luzes, a organização das salas, a localização dos bares e assim por diante. No Airstream Park onde moro, sempre há encontros interessantes ao redor da fogueira. Eu me lembro de um domingo, não faz muito tempo, em que Jewel, a cantora e compositora, estava na cidade. E nós tínhamos um beatboxer local tocando com um rapper de freestyle local. Jewel acabou se juntando a eles, e o trio improvisou algumas músicas que nunca haviam sido ouvidas antes e nunca serão ouvidas novamente da mesma maneira.

> *Se pelo menos um em cada 100 encontros aleatórios resultar em algo criativo, interessante, positivo, lucrativo ou inovador, o ROI estará lá.*

Foi fantástico. Eu nunca poderia ter feito essa música acontecer sozinho. É improvável que eu seja um beatboxer, ou um rapper ou Jewel. Não sei fazer o que essas pessoas fazem. Mesmo se eu fosse o empresário deles, eu não pensaria necessariamente em misturar esses artistas. Mas aconteceu de uma maneira completamente espontânea e casual, e foi incrível. Esse tipo de aleatoriedade também pode gerar resultados nos negócios. Por isso eu queria ter toda a Zappos sob o mesmo teto novamente: apenas para ver o que surgiria a partir dali. E, claro, o que advém dessas interações aleatórias às vezes é apenas aleatoriedade. Mas, na minha experiência, se apenas um em cada 100 encontros aleatórios resultar em algo criativo, interessante, positivo, lucrativo ou inovador, o ROI estará lá. E, pela minha experiência, a média desses encontros aleatórios que resultam em algo positivo é geralmente muito superior a 1 em cada 100.

O que mais mudou para mim na última década é que mesmo a ideia da estufa parece pequena demais. Um negócio em escala não deve ser tão restrito. Uma estufa ainda pode desabar em uma tempestade.

Então, como uma empresa pode sobreviver às tempestades e superar o ritmo da mudança?

A resposta, acredito, está na resiliência. E a resiliência é uma receita complexa. Requer criatividade, inspiração, humanidade, progresso construído com base em crenças firmes (mas flexíveis) e bases sólidas – as mesmas coisas que tentamos promover aqui na Zappos desde o início.

Como pode um CEO, ou o gestor tradicional de modo geral, ficar fora do caminho do progresso, da criatividade e da inspiração quando todos estamos trabalhando sob uma estrutura gerencial de cima para baixo em forma de pirâmide que não mudou em quase cem anos? À medida que as empresas crescem, elas geralmente se tornam mais burocráticas, mais lentas e menos inovadoras. Não é culpa de ninguém, é apenas uma função do tamanho e da estrutura hierárquica da empresa. Por que fazemos isso quando sabemos que o fim de jogo para quase todos os negócios sob esse velho estilo gerencial de crescimento é, em última instância, sair do negócio?

No início dos anos 2000, não fui eu ou outro executivo ou algum grupo focal, mas um dos funcionários de nossa central de atendimento que apresentou a frase perfeita para descrever o que fazemos aqui na Zappos: "Nós somos uma empresa de serviços que calha de vender sapatos". Hoje, essa frase é tão precisa quanto era naquela época – embora hoje em dia vendamos muito mais do que sapatos. Somos uma empresa de serviços primeiro, mas os produtos específicos que vendemos são algo que pode e provavelmente vai mudar com o tempo. Daqui a 20, 30, 40 anos, os sapatos poderão ser vistos apenas como aquelas coisas que começamos a vender, da mesma forma que os livros são vistos como apenas um dos milhões de produtos vendidos hoje pela Amazon. Tenho certeza de que existem clientes da Virgin Airlines ou do Virgin Hotel que nem se lembram de algo como a Virgin Records – as lojas tradicionais de música que fecharam as portas há muito tempo ou a gravadora que Richard Branson fundou tantas décadas atrás. A Virgin como marca e como uma coleção de empresas diferentes ainda existe. Apenas evoluiu e cresceu com o tempo.

Richard Branson, o carismático fundador da Virgin, tem uma personalidade única, e grande parte da evolução dessa empresa dependeu da visão pessoal dele. Mas nem toda empresa tem um Richard Branson. (De fato, nenhuma outra empresa tem um Richard Branson.) Então, é possível pensar de acordo com as linhas bransonianas em um mundo fora da Virgin?

> *A organização resiliente que devemos nos esforçar para imitar é uma cidade. As cidades conseguem prosperar e durar centenas, até milhares de anos. Mesmo enquanto impérios e países ao redor desmoronam, grandes cidades sobrevivem. Elas evoluem. Constantemente. E, na maioria das vezes, são auto-organizadas.*

Como fazemos nosso negócio, *qualquer* negócio, evoluir com o tempo e durar por décadas? Que tipos de organizações poderíamos usar como exemplo? Que tipos de organizações, organismos ou sistemas têm uma história mais duradoura do que a maioria das empresas do planeta?

Eu li centenas de livros e artigos sobre negócios, muitos dos quais compartilhei com nossos funcionários através da biblioteca da Zappos. Tive a sorte de passar um tempo com alguns CEOs, fundadores e pesquisadores realmente interessantes desde que comecei a fazer essas perguntas também e trouxe alguns deles para falar com nossos funcionários. E, através de todas as pesquisas e considerações, o melhor exemplo que encontrei até agora em termos de tipo de organização humana resiliente, escalável e que resiste ao teste do tempo (e que também é um dos melhores exemplos de auto-organização escalável) é: a cidade.

As cidades podem prosperar e durar centenas, até milhares de anos. Mesmo enquanto impérios e países ao redor desmoronam, grandes cidades sobrevivem.

Por quê?

Porque elas evoluem. Constantemente. E, na maioria das vezes, são auto-organizadas.

O prefeito de uma cidade não diz a seus moradores o que fazer ou onde morar. O prefeito não determina se uma empresa específica surge ou como ela deve ser administrada. Em uma cidade, não há problema em ter vários negócios fazendo a mesma coisa, às vezes muitos deles no mesmo bairro. É o oposto da maneira corporativa típica de pensar, que supõe que qualquer duplicação de trabalho não é "eficiente" e precisa ser "simplificada" para ser "mais eficiente".

Há um preço pago por toda essa eficiência. Sempre que se tenta fazer algo para aumentar a estabilidade ou aumentar as eficiências, que são facilmente mensuráveis (ou pelo menos mais fáceis de medir), isso geralmente ocorre às custas da resiliência – e resiliência é na realidade o que importa a longo prazo para uma empresa. Para qualquer organização.

No ambiente corporativo hierárquico mais típico, à medida que a pessoa se torna mais eficiente e melhor em alguma coisa, as coisas funcionam muito bem – até pararem de funcionar, quando o mundo muda, a concorrência muda, a tecnologia muda, o que quer que seja. Sem a resiliência, a diversidade, a capacidade de permanecer ágil como uma cidade, empresas que um dia foram grandes ou algumas das principais gravadoras e empresas de tecnologia do passado foram eliminadas da noite para o dia.

Eu não quero isso para a Zappos.

Para resistir ao teste do tempo, por que não refazer a Zappos como algo que funciona mais como uma cidade e menos como uma hierarquia vertical?

Era aí que estava a minha cabeça perto de 2014.

Eu queria fazer mais do que aquilo que havíamos feito de melhor na empresa. Não mais em termos de quantidade de produtos que vendemos, embora, como mostramos durante a maior parte da nossa história, isso tenda a ocorrer automaticamente quando tudo está funcionando. Mas eu queria que a Zappos cumprisse suas promessas mais humanas. Amplificasse a importância e o apoio aos nossos valores fundamentais. Fosse a melhor em atendimento ao cliente e experiência do cliente, para todos os envolvidos.

Se um dos nossos grandes objetivos era levar todo o nosso eu para o trabalho e que nosso trabalho se integrasse mais perfeitamente às nossas vidas, como poderíamos fazer ainda mais disso?

Se havíamos provado que desenvolvemos um certo grau de resiliência por meio da aquisição pela Amazon e da mudança para o centro de Las Vegas, como poderíamos levar essa força de trabalho resiliente que montamos rumo a um futuro melhor? Um futuro que continuasse crescendo, independentemente de quais mudanças pudessem acontecer.

Infelizmente para nós, algumas dessas mudanças já estavam à nossa porta. Em 2014, estávamos enfrentando ventos contrários. O mercado estava mudando. Nossos concorrentes haviam aumentado suas apostas. Pela primeira vez desde que o acordo com a Amazon foi finalizado, em 2009, estávamos analisando a possibilidade de que as receitas e os lucros poderiam cair nos próximos trimestres.

A resposta seria parar de pensar a longo prazo e se concentrar apenas no dia a dia mais imediato? Começar a demitir os funcionários que haviam tornado a Zappos tão forte? Cortar excessos? Reduzir a estrutura para aumentar os números?

Nada disso parecia certo.

Nós queríamos avançar em benefício de todos nós a longo prazo, o que sempre foi nosso objetivo.

Então, a resposta foi fazer uma mudança significativa que daria aos nossos funcionários ainda mais autonomia do que eles já tinham. Inverter o modelo gerencial tradicional e dar a nossos funcionários mais poder do que nunca para tomar decisões sem impedimentos em benefício da empresa.

Tirar a antiga estrutura administrativa e colocar algo novo em seu lugar.

Levar a Zappos na direção de um sistema de auto-organização mais parecido com o de uma cidade.

Então, em janeiro de 2014, demos oficialmente nossos primeiros passos em direção à auto-organização: fizemos a mudança para a holacracia.

John Bunch
Sistemas organizacionais e consultor do CEO Tony Hsieh

Eu usaria o mesmo par de jeans sem lavar por anos se não fosse pela minha mulher pegá-los em segredo e lavar.

Tony estava interessado na ideia de auto-organização fazia muito tempo, e a holacracia era o veículo que na época tinha o melhor sistema codificado para ajudar uma organização a chegar lá.

As ideias para essa grande mudança surgiram a partir da noção de que, à medida que crescíamos, ao fazer a transição de uma pequena empresa iniciante para uma empresa de médio porte, as coisas que costumávamos fazer rapidamente não eram mais tão rápidas, e nós simplesmente não éramos mais capazes de inovar ou evoluir tão rápido quanto queríamos.

Em retrospecto, era um resultado óbvio, que acontece com a maioria das organizações.

Existe um livro com que Tony realmente se identificou chamado *O triunfo da cidade*, de Edward Glaeser, e é baseado em toda uma pesquisa que mostra como as cidades são esses incríveis mecanismos da sociedade. Agora, estamos em um ponto de inflexão em que, pela primeira vez na história, há mais pessoas vivendo em cidades do que em áreas rurais.

> *Aproximadamente mais de 50% de todos os seres humanos agora vivem nas cidades. Em nosso período de vida, esse número saltará para 75%.*

Por quê? Porque as cidades, como o livro afirma, "nos tornam mais ricos, mais inteligentes, mais verdes, mais saudáveis e mais felizes". E parte da razão disso é o que nasce na pesquisa: toda vez que o tamanho de uma cidade dobra, a inovação e a produtividade por morador aumentam em 15%. As cidades têm uma característica exponencial. E o oposto exato é verdadeiro para a maioria das organizações, especialmente as organizações empresariais: sempre que o tamanho de uma organização dobra, a produtividade tende a diminuir.

> *Toda vez que o tamanho de uma cidade dobra, a inovação e a produtividade por morador aumentam em 15%. Sempre que o tamanho de uma organização dobra, a produtividade tende a diminuir.*

Então, Tony começou a pensar: "Como podemos pensar em nós mesmos mais como uma cidade ou como um sistema adaptativo complexo – que é o que é uma cidade – e menos como uma organização empresarial tradicional?".

Um dos maiores componentes disso é esse conceito de auto-organização: um sistema no qual existem regras, mas não existem reguladores. Há um conjunto de regras sob as quais o jogo opera, como em uma cidade. Existem governos que fazem as leis e os regulamentos, mas não há "reguladores" – ninguém orienta você sobre o que fazer e como fazer.

Em muitas organizações, a estrutura gerencial é de cima para baixo. Comando e controle. Você recebe ordens de marcha do seu gerente, e o gerente tem a capacidade e autoridade para substituir qualquer decisão que você possa tomar.

A holacracia fornece uma estrutura para superar isso.

> *Para um mergulho profundo nas origens da holacracia, recomendo o livro:* **Holacracia – O novo sistema de gestão que propõe o fim da hierarquia**, *de Brian J. Robertson.*

Simplificando, a holacracia é um veículo, um conjunto de diretrizes e estruturas, que ajuda a levar uma organização na direção da auto-organização.

Um exemplo do que diferencia a auto-organização é que, em uma empresa tradicional, uma pessoa está em *uma* equipe desempenhando *uma* função essencial. A auto-organização rompe com isso ao permitir que uma pessoa esteja em *várias* equipes ou em *vários* "círculos", como são chamados (existe toda uma linguagem construída em torno da estrutura organizacional da holacracia). Isso significa que uma pessoa pode trabalhar em diferentes esforços por toda a organização.

A auto-organização é um sistema no qual existem regras, mas não reguladores.

Apenas essa mudança, por si só, deixando de lado todas as outras mecânicas, é bastante revolucionária e permite que surjam muitas ideias novas e interessantes. Ela pode ajudar a eliminar a compartimentação. E oferece aos funcionários também a oportunidade de iniciar novos círculos e de buscar ideias que atraiam para esse novo círculo pessoas de toda a organização, conforme necessário.

O "chefe" de qualquer um desses círculos é chamado de "elo principal". Mas esses chefes não são chefes tradicionais, porque a auto-organização também exige tomada de decisão integrativa – basicamente, trazendo o conceito de democracia à estrutura corporativa por meio de um sistema de governança.

CONDUZINDO A MUDANÇA

O elo principal de qualquer círculo pode praticamente tomar qualquer decisão que a pessoa queira, incluindo a reestruturação, a movimentação de coisas, a atribuição de tarefas. E isso pode soar como ser um "gerente", mas não é, porque a maneira como todas as coisas são tratadas em um sistema auto-organizado parece um pouco diferente. Cada funcionário recebe uma voz, para que possa criar tensões com segurança e processá-las através de um sistema de freios e contrapesos. Cada círculo tem não apenas um elo principal, mas também um elo representativo, que pode processar tensões em nome do círculo até o supercírculo (a próxima camada) quando necessário. Os elos representativos são eleitos para o papel por um período de tempo determinado, e esse papel é rotacionado segundo um cronograma determinado pelo círculo. Os elos principais também podem delegar suas responsabilidades gerenciais típicas, como responsabilidades orçamentárias e de planejamento, à equipe, para que ele tenha mais tempo para realmente fazer parte da equipe.

Esse sistema de governança visa implantar políticas e regulamentos, conforme necessário, e também construir uma estrutura para o círculo, incluindo a criação de novos papéis, a remoção ou modificação desses papéis, o ajuste do objetivo de um círculo e a adição/remoção de responsabilidades de contas para vários papéis.

Em uma organização tradicional, o gerente dizia: "Temos uma nova política que todos precisam cumprir. Aqui está". Porém, com a auto-organização, existe um processo pelo qual qualquer pessoa pode propor uma política e depois seguir um processo para integrar outras perspectivas e/ou objeções à política antes que ela seja implementada. Dessa forma, você poderá fazer alterações nos regulamentos sem que haja uma única pessoa encarregada de fazer esse regulamento. Esse é o cerne da governança.

Por exemplo, digamos que seu círculo esteja administrando uma pequena mercearia que vende legumes, mas não frutas. Os clientes manifestam interesse em comprar bananas. Qualquer membro do círculo pode dizer: "Acho que devemos criar um novo papel para alguém comprar bananas para podermos começar a vendê-las". A proposta é então passada por todos os outros para fazerem perguntas, como: "Isso causará danos ou nos fará perder de alguma forma?". Alguém pode dizer: "Sim, pode custar muito dinheiro, se não vender". Essa objeção é então analisada pelo que é: "Esse é um medo antecipado? Ou um resultado real? E mesmo se for esse o caso, quanto custaria? É seguro o suficiente para tentar?". Se a resposta se inclinar para "Bem, acho que é seguro o suficiente para tentar", a ideia da banana é realizada e adotada.

O objetivo disso não é desacelerar as coisas. É para desencorajar a implementação de políticas que possam desacelerar as coisas involuntariamente – pensar nas políticas e obter feedback sobre elas, de todos os que serão afetados por elas, *antes* de elas serem implementadas.

Como qualquer membro do círculo pode apresentar uma tensão e fazer uma proposta a qualquer momento, isso também oferece aos funcionários autonomia para fazer avançar sua equipe e, em última instância, os negócios. Em vez de esperar que os executivos tomem grandes decisões que lentamente se espalham de cima para baixo, o restante da empresa pode fazer melhorias e alterações a *qualquer* momento para a empresa evoluir constantemente. No final, acaba sendo mais rápido.

Quando se trata de estruturar o trabalho, existem os círculos, os papéis e as responsabilidades, e tudo isso também passa por um processo de governança. É uma maneira de permitir que decisões sejam tomadas e estruturas organizadas sem depender de uma pessoa para ser o filtro/decisor de todas as coisas. E há um segundo processo chamado "processo tático", que utiliza reuniões eficientes e rápidas para manter o círculo em movimento nos projetos e garantir que as coisas permaneçam em movimento, para que nada fique parado.

Para deixar claro, a maioria das decisões não precisa subir na cadeia de governança. Os círculos são livres para fazer o que fazem, independentemente. Eles recebem mais poder e controle, o que automaticamente lhes dá maior capacidade de serem ágeis e mudar de direção conforme necessário.

Um dos grandes objetivos da auto-organização é manter a camada de regulamentos tão enxuta quanto possível.

Em algumas outras organizações, é preciso pedir permissão antes de fazer praticamente qualquer coisa fora da função normal de trabalho do dia a dia. O padrão com auto-organização é o oposto. A menos que exista uma política específica e/ou uma restrição, a pessoa pode fazer o que achar melhor para o seu círculo ou papel.

As decisões básicas não passam por nenhuma camada de governança, que é realmente mais um sistema de suporte. Algo que é "impulsionado por tensão". Está lá para ajudar e, em alguns casos, as tensões podem ir até o topo, até o círculo geral, que envolve Tony e os principais tomadores de decisão da empresa. Mas, de modo geral, a governança tenta evitar políticas que se baseiem em danos previstos. Simplificando bastante: a governança na realidade existe apenas para acrescentar regulamentação quando algo dá errado, quando não queremos que o erro se repita.

Depois de um teste realizado com um pequeno grupo em 2013, Tony lançou o novo sistema de auto-organização de uma só vez em janeiro de 2014 e, com sinceridade, houve um pouco de caos no início. Todos tentaram fazer o que o lançamento dizia que tinham que fazer, mas havia muitos processos e regras nos círculos e na governança que eram realmente confusos. Quase ninguém entendeu imediatamente.

Olhando para trás, eu diria que provavelmente existem maneiras mais leves de obter muitos benefícios da auto-organização sem um lançamento complicado. Mas, no final das contas, a holacracia é apenas uma plataforma, e há muitas coisas que precisam ser construídas nessa plataforma para avançar em direção à verdadeira auto-organização.

Talvez uma maneira de ver isso seja como um pêndulo. Em uma hierarquia tradicional, o pêndulo oscila em direção ao lado de controle: todo mundo vive em uma equipe e é muito claro o que se deve fazer, mas não há muita autonomia. Quando entramos na auto-organização, as pessoas rapidamente se interessaram em criar círculos e formar grupos em torno de novas ideias, com algumas grandes inovações e benefícios, como você verá na Parte III do livro. Mas também tivemos círculos que simplesmente não se encaixavam no espírito e na missão da Zappos. As pessoas pensavam que estavam fazendo o que é certo. Não tínhamos ótimos loops de feedback para nos dizer se o que eles estavam fazendo realmente estava fornecendo algum valor à Zappos de uma maneira que fazia sentido para os nossos negócios.

Em retrospectiva, o pêndulo oscilou um pouco rápido demais do controle para a liberdade – mais rápido do que estávamos prontos para lidar. Vimos que algumas de nossas métricas principais de negócios começaram a sofrer um impacto por causa disso. O tempo de resposta do cliente dos grupos de fidelização de clientes diminuiu. Percebemos que havia um problema ali e precisamos desenvolver sistemas internos de revisão para mudar as coisas de outra maneira.

Foi realmente difícil por um tempo. Mas tudo fez parte da evolução e da jornada de aprendizado sobre como fazer tudo funcionar para a Zappos.

Afinal, ninguém nunca havia tentado algo assim em uma empresa desse tamanho. Nunca.

E, para aqueles de nós que viam como isso beneficiaria a empresa a longo prazo, foi um momento muito emocionante.

Arun Rajan
Diretor de operações
Antes da Zappos, o máximo de tempo que trabalhei em qualquer lugar foi três anos.

Trabalhei na Travelocity quando era pequena e saí quando ela ficou grande.

Trabalhei em outras startups porque adorava a dinâmica e saí pelo mesmo motivo.

Eu estava na Zappos fazia quatro anos, o máximo de tempo que fiquei em qualquer lugar, trabalhando como diretor técnico (CTO), quando decidi sair em 2013. A empresa parecia estar ficando grande demais para mim. Ela estava entrando na fase de compartimentação, perdendo parte de sua capacidade de ser ágil, perdendo a emoção de traçar novos caminhos no mundo.

O que Tony queria era continuar a Zappos com a mentalidade, a energia e a possibilidade de crescimento de uma startup, e fazer isso mesmo quando a empresa estivesse em grande escala. Mas nós não estávamos lá ainda, e eu não tinha certeza se queria ficar para ver se conseguiríamos chegar. Falaram sobre auto-organização, mas eu simplesmente não estava convencido de que iria funcionar. Então, tomei a decisão de sair. Não foi fácil! Foi emocionante. Eu havia me tornado amigo de Tony e Fred, e essas amizades continuaram depois que saí. Eu os via nos fins de semana e continuava conversando com eles sobre esses problemas.

Obviamente, a Zappos não era uma startup quando comecei em 2009, mas entrei na empresa porque fiquei fascinado e atraído pela ideia de que uma empresa grande ainda poderia cuidar de seus clientes, funcionários e comunidade – simultaneamente – enquanto gerava resultados comerciais fantásticos, livres dos silos tradicionais. Mas, em 2013, mesmo com a mudança para o centro, a Zappos estava realmente começando a parecer uma grande empresa para mim, com silos burocráticos em marketing, tecnologia, merchandising e muito mais. Eu sentia que isso estava nos impedindo de ter sucesso, crescer e entregar da maneira que a Zappos fazia no passado – e as previsões que fizemos para o ano seguinte estavam confirmando isso.

Então saí da Zappos. Fui para uma empresa muito menor, e o que ficou evidente quase que imediatamente é que, embora ela tivesse um décimo do tamanho da Zappos, estava enfrentando os mesmos desafios. Isso me fez pensar que, se era para enfrentar aqueles desafios em qualquer lugar, eu preferia voltar ao lugar com as pessoas e a cultura que sempre amei desde o início.

Compartilhei minhas frustrações com Tony e Fred e, em 2014, eles finalmente disseram: "Por que você simplesmente não volta?".

Isso me pegou de surpresa.

Emocionalmente, parecia certo. Eu voltaria àquela empresa que realmente se importava com a humanidade de uma maneira que eu nunca havia visto em nenhum outro lugar na minha carreira. Sair um pouco da Zappos me lembrou o quanto isso é importante no mundo corporativo americano.

Logicamente, eu também sabia que Tony e a Zappos estavam comprometidos em desmembrar os silos e a burocracia que haviam surgido e que eles haviam feito aquela mudança drástica na auto-organização como uma maneira de mudar de direção.

Minha única hesitação em retornar à Zappos era que eu voltaria e entraria diretamente em um dos momentos mais desafiadores da empresa. O crescimento estava estagnado, assim como a lucratividade.

Meu raciocínio emocional venceu todas as dúvidas.

Eu sabia que o que estava por vir para a empresa seria incrivelmente desafiador. Mas também sabia como ela era – e acreditava que o que a Zappos era, em sua essência, era mais forte do que todas as forças típicas que poderiam estar trabalhando contra nós.

Com uma startup, acho que as pessoas se envolvem por algo semelhante. Existe um propósito. É um grupo de pessoas remando coletivamente na mesma direção. E pode não parecer assim no dia a dia, mas, no geral, todos na Zappos estavam ali por algum motivo que os havia unido, ancorados nos valores da empresa. Acho que há algo único nisso, porque o que se vê em muitas outras empresas, pelo menos o que eu vi, é política e agenda. Não existe um núcleo que una as pessoas em torno de algo – como um objetivo ou um conjunto de valores – que não seja ganhar dinheiro ou talvez vender para uma empresa maior.

A Zappos já havia ganhado muito dinheiro e tinha sido vendida para uma empresa maior. Por que eu acreditaria que poderia voltar a ser como uma startup novamente?

E a resposta é a seguinte: porque nós ainda estávamos remando na mesma direção. Não que as pessoas estivessem remando na mesma direção de lucros, como fariam em uma startup. É claro que precisamos ganhar dinheiro, mas estávamos juntos por outras razões, e acho que é principalmente porque todo mundo se identifica com algum subconjunto dos valores fundamentais.

Mesmo assim, mudar para a auto-organização e entrar em uma nova era de constante evolução seria suficiente para nos tirar de um buraco e nos colocar em um novo caminho para um futuro duradouro?

A ciência da administração não era reinventada fazia 80 anos.

O que aconteceria se aquilo não funcionasse?

O que aconteceria se não descobríssemos isso?

John Bunch
Sistemas organizacionais e consultor do CEO Tony Hsieh

Tenho 2 metros de altura e estou sempre batendo a cabeça.

Havia muito mais para descobrir do que qualquer um de nós havia previsto.

Se olharmos para essa ideia de que queremos agir mais como uma cidade, bem, em uma cidade não há reguladores – tipo, ninguém está dizendo às pessoas exatamente o que fazer –, mas *existem* regras. Existe uma estrutura e algumas mecânicas de como as coisas são feitas. Existem escritórios de permissão e conselhos de zoneamento e assim por diante, mas não há uma pessoa dizendo "é assim que X, Y e Z devem ser" ou "é nisso que você deve trabalhar" ou "isto é o que você tem que fazer".

É interessante aplicar isso aos negócios. Em uma cidade, se alguém quiser fazer algo fora da caixa, terá que obter um alvará ou algum tipo de licença. Mas, se for apenas abrir uma nova loja, basta passar pelos processos e obter os documentos necessários para isso. Ninguém vai impedi-lo.

Nossa ideia é administrar nossos negócios dessa maneira também.

É possível abrir duas lavanderias no mesmo quarteirão na cidade de Nova York, e ambas podem ser bem-sucedidas. Talvez uma delas use produtos químicos antiquados, e a outra, produtos mais ecológicos. As duas atendem a diferentes clientes, têm fãs e detratores inflexíveis e pessoas que são leais a uma ou a outra. Alguns ainda recorrem a ambas (porque realmente não veem diferença, apenas querem que suas camisas fiquem limpas rapidamente sem precisar ir muito longe). Esses clientes escolherão a loja que não tiver fila naquele dia. Mas, se as duas empresas estiverem prosperando e prestarem serviços a clientes que precisam desses serviços, me diga: quem perde? Ninguém. E a vibração desses dois negócios prosperando um ao lado do outro é boa para a cidade.

A responsabilidade da cidade é garantir que essas empresas tenham todo o suprimento de eletricidade e água e qualquer outra infraestrutura necessária para realizar o trabalho. Aqui na Zappos, eu lidero uma equipe chamada "Infraestrutura", e nós estamos tentando garantir que todos possam fazer o que precisam. Porque, da última vez que verifiquei, somos a maior empresa a ter adotado a holacracia, e aprendemos rapidamente que existem muitas lacunas no sistema. Nós lançamos as bases e construímos o sistema operacional quase que da noite para o dia. Outra analogia que estabelecemos é com as estradas. Mas existem muitos outros tecidos conectivos, como a eletricidade e o sistema de esgoto, que levaram anos sendo conectados e construídos para fazer tudo funcionar sem problemas.

E isso é desafiador, porque estamos tentando transformar a organização ao mesmo tempo que operamos a organização. Não podemos fechar a cidade apenas para instalar o novo sistema de esgoto, mesmo que realmente precisemos desse sistema novo. Mas, se quisermos estar presentes daqui a cem ou mil anos, sabemos que precisamos fazer isso. Devemos criar uma organização resiliente, que funcione mais como uma cidade.

A imprensa deu muita atenção ao nosso movimento em direção à auto-organização naquele primeiro ano. Foi algo radical para uma empresa do nosso tamanho. Mas foi apenas um começo para nós. Logo depois que o anunciamos, já estávamos pensando em como atingir um objetivo maior, e esse seria o Teal.

A holacracia é uma ferramenta, uma estrutura. Um sistema operacional.

Teal é o recipiente em que a holacracia se encontra – o objetivo e a visão mais amplos de aonde estamos tentando ir.

Teal é o objetivo dessa constante evolução.

O termo "Teal" vem de um livro chamado *Reinventando as organizações*, de Frederic Laloux. O subtítulo desse livro é um pouco inebriante: "Um guia para criar organizações inspiradas no próximo estágio da consciência humana". Mas realmente direciona para onde estamos indo. Para onde nós *sempre* fomos.

Laloux basicamente atribuiu cores a diferentes tipos de organizações que existem atualmente. Organizações mais estáticas são "laranja", "verde" ou "azul". Mas ele postula que um novo tipo de organização está surgindo, e chama esse estilo de organização de "Teal", que coincide com um termo da nova era para o próximo estágio da iluminação humana.

Teal tem a ver com auto-organização. Com totalidade. Com propósito evolutivo.

Eu uso um diagrama quando dou palestras sobre esse assunto e descrevo as cinco mudanças organizacionais básicas que as organizações Teal estão realizando:

1. Como pensar não apenas em obter lucro, mas em propósito
2. Tentando pensar em mudar de hierarquias para redes
3. Como passar do controle para o empoderamento
4. Como passar do planejamento para a experimentação
5. E como passar da privacidade para a transparência

A holacracia nos ajuda a fazer algumas dessas coisas, mas não todas, porque a holacracia ainda tem hierarquia.

Na forma básica e original de holacracia, cada círculo tem um círculo pai, e esse círculo pai tem um círculo pai, até o Círculo Geral da Empresa. Portanto, ainda é uma forma de hierarquia. Não é uma hierarquia de indivíduos, mas de círculos. E cada círculo tem um elo principal, que tem autoridade para tomar decisões, embora seja pensado para ser distribuído e limitado. Por mais que tentemos nos afastar do controle de cima para baixo com a holacracia, ele ainda surge.

Aonde queremos chegar e aonde Tony estava ansioso para nos levar o mais rápido possível é um achatamento dessa estrutura: onde cada círculo atua como uma microempresa.

Nós queríamos encontrar uma maneira de descobrir como ainda poderíamos ter uma espécie de governo da Zappos, fazendo políticas e o que qualquer governo de cidade faria. E, independentemente do que acontecesse, os valores fundamentais não seriam deixados de lado. Todo funcionário ainda teria de se alinhar em torno desses valores. Mas o que precisamos fazer para dar aos funcionários a maior autonomia possível? Para afastar a hierarquia e permitir que cada círculo realmente atue como uma microempresa independente, que se moveria com tanta agilidade quanto uma startup nova, moderna e administrativamente pequena?

Nós não tínhamos todas as respostas. Ninguém tinha todas as respostas! Era realmente um território novo. E forjar novas áreas desconhecidas não é para todos. Nem todo funcionário quer ser um aventureiro preparado, disposto ou capaz de atravessar uma floresta com um facão. E era mais ou menos assim que nos sentíamos aqui na Zappos, especialmente durante o primeiro ano da transição.

Maritza Lewis
Equipe de envolvimento
Eu já andei sobre brasas duas vezes. Sim, doeu... nas duas vezes. ☺

Houve muita resistência à auto-organização. Tipo, muito mais do que alguns de nós esperávamos. Nós parecíamos uma companhia bastante ágil. Havíamos feito a mudança para o centro. Aqueles de nós que estavam aqui havia algum tempo – e éramos muitos – sofremos algumas tempestades e sempre as havíamos atravessado muito bem. Mas agora tinha algo diferente. A mudança drástica que meio que ocorreu diante do que a maioria das pessoas sabe sobre administrar um negócio apenas pegou algumas delas realmente desprevenidas. E a resistência não se dissipou muito ao longo do primeiro ano. As pessoas não entenderam direito como a governança deveria funcionar e, por isso, ficaram paralisadas à espera de respostas do Círculo Geral da Empresa, quando deveriam ter feito o que quisessem. Era para ser um caso de "pedir perdão, não permissão". Mas muitas coisas pareciam atolar.

Finalmente, em uma de nossas reuniões completas, Tony se levantou no palco e disse que entendia que nossa nova maneira de organizar a empresa estava criando confusão e que precisávamos dar um passo em uma direção um pouco diferente. Foi quando o conceito de Teal surgiu. Ele realmente vendeu a ideia. Tive a sensação de que achava que todo mundo daria um suspiro de alívio.

Não foi o que aconteceu. Nem um pouco. Algumas pessoas ficaram ainda mais em pânico. Quando realmente se estabeleceu que não havia mais "gerentes", muitas pessoas que eram gerentes ficaram com raiva. As pessoas estavam perdendo seus títulos e sua autoridade sobre os outros. Não parecia importar que estivessem ganhando autonomia e a capacidade de reunir novas equipes e supervisioná-las como quisessem, o que deveria ser algo muito bom. Pareceu a algumas pessoas como se lhes tivessem puxado o tapete. Houve muita frustração.

E o Teal só funciona se todos estiverem a bordo.

Então, Tony enviou um e-mail para toda a empresa e fez uma oferta a todos. Uma oferta que ficaria conhecida na história da Zappos como a "Oferta Teal".

Foi baseado na mesma famosa "oferta" que todos os novos contratados da Zappos recebem depois de passar pelo treinamento para novos contratados: uma proposta monetária significativa para deixar a Zappos se sentirem que a Zappos não é adequada para eles. Segundo a Oferta Teal de Tony, qualquer um que decidisse não querer continuar a jornada de auto-organização e seguir para o Teal podia se sentir livre para sair com segurança suficiente para poder começar de novo da maneira que escolhesse: indenização de pelo menos três meses de salário ou um mês de salário por ano em que havia estado na empresa, o que fosse maior.

Era uma decisão que dizia: "Estamos fazendo isso e precisamos de todos a bordo". Mas foi também um movimento nascido da empatia, a serviço de nossos próprios funcionários, que demonstrou generosidade e sensibilidade da nossa liderança em perceber que aquela era uma mudança enorme e que poderia ser demais para alguns funcionários.

Aquilo. Foi. Louco.

Juro que deu para ouvir um suspiro de espanto coletivo ecoando por todo o centro de Las Vegas.

Eu estava aqui em novembro de 2008, antes da aquisição pela Amazon, quando passamos por um período muito difícil e tivemos de demitir muitas pessoas. Aquele foi um dia horrível. Era o dia do meu aniversário, o que o tornou ainda pior. Havia vários "happy hours" muito tristes acontecendo pela cidade. Eu nunca vou esquecer disto a minha vida inteira: Alfred Lin, nosso CFO da época, andava pela empresa, para cima e para baixo, em todos os corredores da equipe de fidelização de clientes, apenas vendo como estavam as pessoas, e elas estavam chorando em seu ombro.

Não quero diminuir o peso daquela demissão de forma alguma, porque foi realmente devastador, mas a Oferta Teal foi muito, muito pior.

Os funcionários receberam um tempo para pensar e tomar a decisão. Então, isso acabou se tornando o adeus mais longo, apenas um gotejamento contínuo, um gotejamento de perdas e lágrimas. Do nada, justamente quando pensei ter ouvido tudo, um dos meus amigos e colegas mais próximos me puxava para uma sala e dizia: "Eu vou aceitar a oferta". E eu dizia: "Ah, meu Deus. Mas você está aqui há 10 anos!". A resposta era: "Sim, mas com o que estão prestes a me pagar, posso me mudar com a família de volta para a Costa Leste". Outra colega de trabalho se mudou para o México para fundar um pequeno clube de comédia. Uma de nossas instrutoras, que estava na empresa havia 12 anos, tinha acabado de ganhar sua licença para trabalhar como corretora imobiliária e disse: "Isso é um sinal. Eu preciso fazer isso" e "sem ressentimentos pela Zappos".

Era dinheiro suficiente para as pessoas irem atrás de um sonho, que é algo muito Zappos à sua maneira. Foi um tremendo serviço para aquelas pessoas que não queriam ficar. Uma tremenda oportunidade para elas. Mas muito mais pessoas aceitaram a oferta do que eu acho que até Tony poderia ter previsto. Perdemos 18% de nossa força de trabalho, exatamente assim.

18%!

> *Em nossas pesquisas de saída, descobrimos que apenas 3% de nossos funcionários saíram por causa da holacracia. Também demos aos funcionários a opção de se candidatarem a trabalhar novamente na Zappos após um ano, para que qualquer um que tivesse trabalhado na Zappos por mais de 12 anos ficasse efetivamente em férias pagas por um ano. Embora as notícias dissessem que 18% dos funcionários deixaram a empresa, também era verdade que 82% dos funcionários optaram por ficar. Eu estaria disposto a apostar que, se você ingressasse em uma empresa aleatória e fizesse a mesma oferta (a maior entre três meses de indenização ou um mês de indenização para cada ano trabalhado), a taxa de retenção seria inferior a 82%.*

A Oferta Teal tinha o objetivo de avançar, permitindo que as pessoas que não estavam dispostas a adotar a auto-organização saíssem sem problemas, mas acabamos perdendo alguns de nossos gerentes seniores e outras pessoas que estavam na empresa havia muito tempo. Eles simplesmente sentiram que era uma oferta que não podiam recusar.

Observar todos esses funcionários de longa data saindo pela porta foi arrasador. Parecia que estávamos perdendo membros da família, e eles estavam nos deixando *por opção*.

Sinceramente, acho que muitos de nós que ficamos tivemos dúvidas muito reais sobre o nosso futuro. Sobre o futuro da empresa.

Como a Zappos sobreviveria àquilo?

A coisa toda parecia uma grande bagunça.

PARTE III

Criando

10
PRIMEIROS ADAPTADORES

Christa Foley
Diretora de visão de marca, Diretora de aquisição de talentos e Diretora de treinamento de cultura externa

Nascida e criada em Vermont. Possivelmente uma das únicas três pessoas em Las Vegas que podem dizer o mesmo. E eu conheço as outras duas do Ensino Médio.

> Christa se autodeclara não sendo muito boa em matemática. Sei com certeza que existem mais de três pessoas que dizem que nasceram e foram criadas em Vermont. Isso pode não ser verdade, mas eles dizem. Sabe-se lá por quê, já que é algo estranho sobre o que mentir.

Nutrir é difícil.

Ter paciência e previsão para podar as plantas, mesmo quando elas parecem saudáveis, acreditando que elas voltarão ainda mais fortes. Há um elemento de fé nesse esforço.

Saber quando replantar. Plantar no outono bulbos que não florescerão até a primavera. Plantar árvores que você sabe que talvez levem anos para crescer. É difícil!

Cultivar um jardim verdadeiramente grande exige tempo e esforço, foco e atenção, tentativa e erro e muito mais. A nova tecnologia vai melhorar? Ou o método testado e comprovado é o caminho a seguir? E a hidroponia? Quem precisa de terra, certo? Mas como isso altera o sabor da fruta?

Está bem, talvez eu esteja levando a analogia da estufa de Tony um pouco longe demais. A questão é que, quando um jardim é adequadamente cultivado, tudo cresce. E o que estava prestes a sair do solo aqui na Zappos era o início de uma nova era de pensamento criativo e empreendimentos criativos.

Aqueles que ficaram, os que embarcaram para preencher cargos após a Oferta Teal e os que aceitaram a Oferta Teal e depois voltaram (vimos um número surpreendente deles!), encontrariam oportunidades para fazer coisas novas. Para experimentar coisas novas. Liberar suas próprias ideias originais e cultivá-las sob um sistema de apoio como nenhum de nós jamais havia visto. Porque, antes daquele momento, um sistema como o que estávamos criando ativamente nunca havia existido.

Regina Renda
Engenheira de brindes
Certa vez, lacei o ar e me tirei de um círculo de dança.

Então, primeiro, como cheguei aqui: eu li **Satisfação Garantida** e, depois de terminar de ler o livro, disse ao meu chefe na época: "Estou saindo da empresa".

Eu trabalhava em uma farmácia de administração familiar em Long Island, e meu chefe olhou para mim intrigado e disse: "Aonde você está indo?".

"Bem", eu disse, "acabei de ler um livro incrível, e tem uma empresa chamada Zappos localizada em Las Vegas, onde meus amigos do Ensino Médio moram. Parece que todos se divertem muito nessa empresa, e eu vou conseguir um emprego lá".

"Você está brincando comigo?", ele disse. "Você é a minha melhor funcionária! Isso é loucura."

Ele realmente achou que eu estava louca. Ele tentou me oferecer mais dinheiro, mas eu não aceitei. Eu me candidatei para trabalhar na Zappos e, um mês depois, fui contratada. Atravessei o país com "Zappos ou nada!" escrito na janela traseira do meu carro e muita gente passou buzinando, sorrindo e com o polegar para cima praticamente a viagem toda até aqui.

Isso foi em 2012. Eu cheguei antes da mudança para o centro da cidade, logo antes da transição para a auto-organização, e passei os primeiros anos na equipe de fidelização de clientes antes de ir para a equipe de Stevie, que realiza o engajamento dos funcionários, eventos e atividades de caridade. Comecei comprando itens promocionais e conduzindo a equipe de programas e reconhecimento de recompensas. Por isso, fiquei encarregada de comprar canetas, cordões, porta-latas de cerveja, camisetas, canecas e todos os tipos de brindes que distribuímos em eventos ou que nossos funcionários compraram internamente para presentear clientes ou fornecedores. Um dia, pensei: "Se estou comprando esses produtos promocionais, aposto que poderíamos economizar muito dinheiro para a empresa se eu realmente começasse a adquirir esses produtos promocionais diretamente do fabricante e cortasse o intermediário".

Considerando onde estávamos como empresa e o que estávamos fazendo com a auto-organização, eu não perguntei a ninguém se poderia fazê-lo. Simplesmente fiz.

Tudo começou com medalhas de corrida, como medalhas personalizadas para corridas de rua ou eventos que realizamos para crianças aqui no campus. Estávamos pagando algo como US$ 20 por medalha na época, e eu pensei: "Isso é loucura". Então eu encontrei um fornecedor de medalhas que nos fez um negócio melhor. Depois, notei que estávamos pagando muito pelas camisetas, então encontrei um cara local que poderia fazer camisetas para mim por menos da metade do preço que estávamos pagando. Agora, eu tinha um fornecedor de camisetas e um de medalhas. Então, quando alguém me pedia para encomendar camisetas ou medalhas, eu dizia: "Eu tenho um cara que faz!".

Depois, liguei para alguns fabricantes de outros produtos que normalmente comprávamos e disse: "Oi, eu administro uma empresa de produtos promocionais chamada Swag Source", um nome que eu tirei da minha cabeça e quer dizer fonte de brindes, "e estou interessada em comprar alguns produtos seus". Eles ficaram felizes em me fornecer os produtos por atacado, e os preços eram muito mais baixos do que pagávamos às grandes empresas de distribuição que vínhamos usando há anos. Então, eu apenas continuei a fazer isso. Comecei a adquirir todos esses produtos promocionais para os funcionários da Zappos e vendê-los a eles a um valor muito mais barato do que eles poderiam obter fora da empresa.

Nós usamos muitos brindes aqui. Nos três primeiros meses em que fiz essa experiência, de outubro a dezembro de 2016, economizei US$ 100 mil para a empresa.

Cem mil em economia. Dólares de verdade. Dinheiro de verdade. UAU, certo?

Não apenas economizei todo esse dinheiro para a empresa, como comecei a pensar: "Por que não posso simplesmente ser o intermediário e vender algumas dessas coisas para outras empresas também? A indústria de produtos promocionais é uma indústria de mais de US$ 23 bilhões. Certamente há espaço no mercado para mim". Então, foi o que comecei a fazer. Eu vendia produtos com uma economia enorme para algumas instituições de caridade e escolas com as quais trabalhamos e outras organizações. Eu não estava apenas economizando dinheiro da empresa, mas começando a trazer algum lucro com esse empreendimento. Não muito, mas um pouco. Ao mesmo tempo, estávamos economizando dinheiro para organizações sem fins lucrativos, de modo que elas também se sentiam muito bem com o negócio todo.

> *Essa é uma maneira de ver o que aconteceu com toda a mudança para a auto--organização e a Oferta Teal: precisamos dar um ou dois passos para trás para darmos cinco passos adiante.*

Com o passar do tempo, as pessoas começaram a ouvir sobre a "Swag Source", e eu comecei a vender em uma escala maior. E é um ótimo negócio, porque nem preciso comprar e armazenar esses produtos. Eu posso realmente agir como intermediário, e os fabricantes enviam os produtos diretamente para meus clientes, o que significa que há muito pouca sobrecarga. E basicamente não houve custo inicial para fazer isso!

Transformei uma ideia de economia de dinheiro em uma pequena empresa dentro da empresa. Logo, precisei fazer um orçamento para alguém ajudar a acompanhar as finanças de tudo aquilo e de alguém para ajudar, porque eu estava dedicando muito tempo àquilo, até que finalmente meu chefe disse: "Ei, precisamos contratar outra pessoa para o seu papel. Isso está ocupando todo o seu tempo. Administrar a Swag Source será seu novo papel em período integral agora, está bem?".

Então, eu criei meu próprio trabalho!

Na minha opinião, deixei um emprego de que gostava no Brooklyn, corri um risco e dei um passo para trás para começar em uma posição básica na Zappos. Mas, depois desse passo atrás, pude dar cinco passos adiante. Essa é uma maneira de ver o que aconteceu com toda a mudança para a auto-organização e a Oferta Teal: precisamos dar um ou dois passos para trás para darmos cinco passos adiante. Pelo menos, foi o que pareceu para mim.

Miguel Hernandez
Curador de Arte e Criativo
Eu sou um grande fã do San Francisco Giants!

Eu sempre tive essa coisa de arte, desenho e cores, desde criança. Entrei para o Instituto de Artes da Califórnia em Los Angeles aos 19 anos e estudei lá por um semestre, mais ou menos, mas aprender arte de maneira estruturada não era para mim. Eu só gostava de desenhar e pintar sozinho. Então desisti. Eu sempre trabalhei em empresas de serviços – pizzarias, lanchonetes – e, depois que minha namorada e eu nos mudamos para Las Vegas, acabei sendo gerente de bar por seis anos antes de me cansar disso. Como muitas outras pessoas que descobriram a Zappos, eu estava exausto, cansado de toda aquela estrutura que não fazia sentido e cansado de lidar com chefes e clientes irritados o tempo todo. Minha namorada começou na Zappos primeiro. Ela adorou e me incentivou a me candidatar. Fui contratado e acabei trabalhando no call center por três ou quatro anos. Eu adorava. Ficava muito menos estressado e estávamos fazendo pessoas felizes o dia todo. Era ótimo.

Uma coisa que sempre fazemos para os clientes é enviar cartões, que chamamos de "conexões emocionais pessoais", apenas como agradecimento, para dizer "obrigado pela conversa", "espero que goste da jaqueta que comprou" ou coisa parecida. E os cartões disponíveis para serem enviados não correspondiam realmente à minha personalidade. Então, comecei a pintar alguns cartões a mão em aquarela, paisagens, flores e coisas aleatórias, e a usá-los.

A certa altura, a empresa organizou um concurso para novos designs de cartões, e todo mundo ficou me pedindo para enviar. Eu enviei... e ganhei! Alguns dos meus desenhos viraram cartões impressos que começaram a ser enviados para os clientes. E pessoas de outras partes da empresa notaram aquilo e começaram a me pedir para ajudar a desenhar um folheto ou pintar placas para eles, e eu sempre pensava: "Sim, sem problema!". Eu simplesmente adorava fazer aquilo. Tomava muito do meu tempo, mas eu não me importava. Mesmo no meu horário de almoço, eu sentava e fazia desenhos apenas por diversão, e as pessoas realmente gostavam.

No fim, depois que nos mudamos para os escritórios do centro de Las Vegas, eles começaram a me pedir para fazer murais, como cobrir todas as paredes de concreto no nível do porão com o tema *Alice no País das Maravilhas*. Ou fazer uma parede em uma sala de reuniões com o tema John Lennon, com um esboço do rosto e uma citação sobre sonhar. Eu não estava sendo pago a mais por isso. Fazia porque adorava e, tendo crescido em Los Angeles, também conhecia o efeito da arte no ambiente e na cultura. Eu adoro arte de rua. Via como os murais iluminavam um bairro inteiro. Amo, amo, amo cores e não suporto cores chatas e sem graça no escritório. A cor melhora o humor das pessoas, faz com que elas se saiam melhor na escola – existem estudos sobre essas coisas. Isso realmente faz a diferença. E eu simplesmente sabia disso vindo de onde vim.

Mas chegou a um ponto em que eu estava fazendo tantas obras de arte para outros departamentos que começou a prejudicar meu desempenho na equipe de fidelização de clientes. Eu ia acabar levando uma advertência em algum momento. Felizmente, isso foi na época em que estávamos mudando para a auto-organização, então fui à equipe de implementação e contei ao elo principal de lá, Jordan, o que estava acontecendo. E ele sugeriu que eu fizesse uma proposta para mudar completamente meu trabalho, para criar um novo cargo em que eu pudesse trabalhar na arte em que todos queriam que eu trabalhasse, em período integral.

"Sério?", perguntei.

"Você precisará montar uma proposta", ele disse, e começou a explicar aquelas coisas que pareciam um quebra-cabeça gigante. Eu nunca tinha feito algo parecido. E ele me disse que a proposta teria de passar pela governança, e eles analisariam o financiamento e o ROI. Não sabia ao certo qual seria o "retorno do investimento", além de tornar o local mais agradável, continuar criando cartões para os clientes e esse tipo de coisa. Mas concordei. Fiquei 100% envolvido. "Vamos fazer isso!"

Parei de fazer arte e me concentrei nessa proposta quando não estava totalmente envolvido no call center. Levei oito meses para montá-la. Eu estava realmente nervoso com aquilo. Estava muito acostumado a receber ordens. Nunca havia escrito nada para tentar criar minha própria carreira, especialmente fazendo o que eu amo. Eu sentia haver muita coisa envolvida naquela proposta.

Acho que não era o único nervoso, porque tivemos uma reunião completa e havia muita tensão sobre a auto-organização e sobre como ela estava funcionando ou não. E Tony subiu ao palco, dizendo: "Está tudo bem! Tudo ótimo. Se você passou pela governança e virou todas as pedras e se deparou com um obstáculo, envie um e-mail ou me envie uma mensagem de texto. Estamos juntos nisso, e a ideia é liberar os obstáculos, não criá-los. Portanto, não tenha medo de me procurar".

Conversei com Jordan, e ele disse que achava que eu estava mais do que pronto para enviar a proposta, mas, como o trabalho que eu estava procurando não pertencia a qualquer departamento ou círculo, ele achou que eu deveria enviá-la diretamente para Tony. Foi o que eu fiz. E Jamie entrou em contato comigo. Ela me fez algumas perguntas e disse que iria ler a proposta e me responder.

Eu estava na estrada alguns dias depois, quando recebi uma ligação de Jamie. "Parabéns!", ela disse. "Você é o nosso novo artista Zappos!"

Imagine se todas as empresas estivessem abertas a descobrir no que as pessoas são boas, o que amam, e depois financiar suas atividades.

"O quê?!"

"Isso mesmo. Tony viu sua proposta, ele sabe o que você fez por aqui e disse: 'Vamos financiar ele. Cem por cento. Feito'."

Eu precisei parar o carro. Estava muito feliz. Pedi para me reunir com Tony só para agradecer e dizer que não decepcionaria a ele ou à empresa.

Coloquei alguns grandes sonhos nessa proposta. Eu disse que queria espalhar arte por todos os lugares, não apenas para a Zappos, mas na comunidade do centro da cidade e para o mundo. E a empresa abraçou tudo isso. Eu trabalhei por todo este edifício. Em todas as salas de reuniões. Na sala da soneca. Fiz murais de pessoas icônicas, de Michael Jordan a Leonard Nimoy.

Não quero ser espiritual e essas coisas, mas eu coloquei muito de mim mesmo em várias dessas pinturas. E o que eu quero dizer com "mim mesmo" é essa energia, essa transferência de energia. Essa energia que diz que eu quero fazer algo realmente bom, mas calmo e agradável. O trabalho não deve ser sério demais. Existem partes sérias, mas, no fim, essas pinturas dizem: "Você ainda pode ser você mesmo. Você faz parte de um quadro maior. Você não é melhor do que ninguém. Estamos todos aqui perseguindo o mesmo sonho, tentando fazer a coisa certa, tentando ser uma parte disso". Eu não tenho as palavras certas. Quero que as pessoas interpretem essas pinturas à sua maneira. Mas eu me coloco muito nelas e espero que elas tenham um efeito positivo.

Quero dizer, acho que têm. Tem havido tanto apoio para as artes que fiz no centro da cidade que a prefeita acabou criando um dia com o meu nome. É difícil até pensar que é real, sabe? Mas a prefeita Carolyn Goodman proclamou oficialmente 16 de maio de 2016 como "Miguel Hernandez Day"!

Eu sinceramente nunca imaginei que poderia ter um emprego como este. Nunca. Eu pensei que teria de trabalhar pelo resto da minha vida, assim como minha mãe e meu pai.

Imagine se todas as empresas estivessem abertas a descobrir no que as pessoas são boas, o que amam, e depois financiar suas atividades. Posso imaginar uma força de trabalho inteira de muralistas, artistas, artesãos e pintores. Eles poderiam economizar muito dinheiro das empresas criando coisas para elas, de sinalização a brinquedos e bugigangas. Elas dariam mais empregos e benefícios a essas pessoas, porque confiariam nelas para criar essas coisas, em vez de terceirizar tudo. Seria possível inclusive economizar custos de papel, de folhetos e publicidade, enviando artistas para espalhar sua mensagem com giz líquido! Eu tenho muitas grandes ideias. E, quanto mais a Zappos continua mudando agora, mais eu continuo pensando nessas ideias, esses meus sonhos podem realmente se transformar em um negócio maior do que qualquer coisa que eu jamais imaginei antes de vir para cá.

Chris Peake
Iniciativas estratégicas
Eu estudei arte na faculdade, e meu sonho era ser professor de arte no ensino fundamental antes da Zappos aparecer.

Quer soubessem conscientemente ou não, funcionários como Miguel e Regina foram os primeiros a adotar a fase seguinte do nosso movimento em direção à auto-organização: a implementação da dinâmica baseada no mercado (MBD).

Eles viram a necessidade de um serviço que poderiam oferecer. Eles trouxeram suas ideias, conseguiram financiar suas ideias e depois as executaram. Ambos demonstraram um tremendo sucesso à sua maneira, e são ótimos exemplos do que pode acontecer quando as pessoas conseguem trazer todo o seu eu para o local de trabalho, o que pode acontecer quando uma empresa ouve as ideias e reconhece os talentos de seus próprios funcionários e o que pode acontecer quando uma empresa deixa seus funcionários saírem de suas caixas e lhes dá o apoio que eles merecem.

Pense: Regina provavelmente poderia ter saído da empresa, pedido um empréstimo aos pais ou até mesmo a um banco com a pesquisa que ela fez aqui na Zappos e começado seu próprio negócio com a Swag Source lá fora. Mas ela não precisou fazer isso. Ela teve todo o apoio necessário para iniciar o negócio bem aqui, de uma maneira que beneficiaria a ela e à empresa – e até a seus clientes externos, especialmente as instituições de caridade e escolas às quais ela podia vender com desconto.

Miguel também. Ele foi contratado para pintar alguns murais bastante proeminentes no centro de Las Vegas por pessoas que viram seu trabalho aqui no campus. Não tenho dúvida de que ele poderia ter se afastado da empresa e provavelmente viveria muito bem apenas com suas obras de arte depois que as coisas começaram a realmente acontecer para ele. Ele trabalharia por conta própria e poderia ter acabado com dificuldades para pagar pelo seguro de saúde e outros custos que são um fardo para profissionais autônomos, mas, mesmo assim, acho que ele poderia ter conseguido. Ele é muito talentoso. Mas o ponto é: sob o nosso novo modelo, ele não precisou fazer isso. Ele encontrou o apoio de que precisava para fazer o que ama aqui. Sem abrir mão do trabalho, dos benefícios, de nada disso. E nós nos beneficiamos de tudo isso também! E, sinceramente, isso é apenas o começo.

A ideia por trás da auto-organização e do que pretendemos com a dinâmica baseada no mercado é um negócio em que esse tipo de crescimento independente de funcionários possa acontecer o tempo todo. Queremos dar a qualquer equipe desta empresa a liberdade de iniciar seu próprio negócio. Queremos dar a qualquer indivíduo nesta empresa a liberdade de perseguir suas ideias ousadas, expressar seus talentos, iniciar um negócio e talvez criar uma equipe totalmente nova na Zappos para buscar ideias que nenhum de nós sequer considerou ainda.

Com qualquer mudança, como qualquer mudança importante na maneira como as pessoas pensam ou com a implementação de novas ferramentas ou processos, temos alguns adotantes iniciais. Pessoas que simplesmente dizem: "Sim! Estamos todos dentro. Vamos fazer isso. Vamos descobrir. Vamos ajudar a construir a infraestrutura. Nós nos preocupamos o suficiente com a Zappos e estamos dispostos a criar um trabalho extra para nós mesmos agora, para criar algo para o futuro da Zappos e o futuro para nós mesmos, porque acreditamos nisso". Mas há outras pessoas – e acho que talvez a maioria das pessoas – que ficam sabendo de uma nova iniciativa como a dinâmica baseada no mercado e pensam: "Não. Me deixe em paz. Vou fazer o meu trabalho e não quero ouvir sobre esse material da dinâmica baseada no mercado. Você falou conosco sobre Teal, você falou conosco sobre holacracia. Nós nos mudamos para o centro. O que mais você quer de nós?!"

Essas pessoas precisam ouvir as grandes histórias de sucesso antes de concordar e dizer: "Sim! A dinâmica baseada no mercado é para mim! Eu tenho uma nova ideia de negócio, aqui está!".

Isso é bom. Nós não queremos nem precisamos que todos entrem nesse exato momento. E nem todo mundo na equipe é um empreendedor ou um artista de coração. Mas acho que, quando virem algumas ideias de um milhão ou mesmo bilhões de dólares surgindo disso nos próximos cinco anos, as pessoas ficarão realmente empolgadas.

No final das contas, não precisamos que todos nesta empresa sejam Tony Hsieh. Só queremos que todos os nossos funcionários se sintam à vontade para ter ideias. De como podem melhorar o atendimento ao cliente ou apenas pensar em como e por que fazemos as coisas, como: "Faço widgets há cinco anos. Esses widgets são valiosos para o meu cliente?". Queremos que nossos funcionários se perguntem isso e, se a resposta for "não", queremos que eles digam: "Legal. Isto não está mais fazendo sucesso, e ninguém está comprando. Talvez eu deva fazer outra coisa".

Empreendedorismo não é necessariamente pensar na próxima ideia de um bilhão de dólares. É pensar em preencher vazios. É pensar em atendimento aos clientes, atendimento às pessoas. Existem clientes aqui dentro do edifício. Eles estão ao lado. Eles estão em todo lugar! Então, para quem podemos prestar um melhor serviço? E acho que, se abordarmos a questão a partir desse ponto de vista, encontraremos buracos que precisam ser preenchidos e encontraremos coisas de que as pessoas precisam, que podemos oferecer. Não é nada diferente do que sempre fizemos como empresa, de quem somos e para onde nossos valores fundamentais e propósito sempre nos impulsionaram. É apenas levar o serviço para o próximo nível.

As pessoas pensam: "Ah, eu preciso ter todas essas ideias realmente loucas para ser empreendedor". Mas, na verdade, tudo se resume a pegar uma única ideia e fazer algo a respeito. É importante lembrar que você pode ter um milhão de ideias, mas, se as mantiver na cabeça e nunca as compartilhar e nunca se mexer, nada acontecerá.

Queremos oferecer suporte aos nossos funcionários para que essas ideias sejam divulgadas e para dar um passo em direção a transformá-las em realidade.

Claro, isso significa correr alguns riscos. Mas também há riscos se não fizermos nada, certo? Manter o curso e não fazer nada além de apoiar nosso negócio de comércio eletrônico acabará sendo um beco sem saída. O comércio eletrônico mudará. Talvez a impressão em 3D se torne tão rápida e barata que as pessoas passarão a fabricar seus próprios calçados e roupas personalizados em casa em alguns anos, e todas as lojas de calçados e roupas dos Estados Unidos acabarão indo à falência. Talvez daqui a cem anos as pessoas parem de usar sapatos porque querem estar mais perto da natureza. Não sei!

Mas não tomar uma atitude também é uma atitude. Não importa o quê, pretendemos ser proativos.

De várias maneiras, a Zappos é como qualquer outra empresa. Nós temos nossos problemas. E os problemas só podem ser resolvidos com ação. Mas também temos a tendência de balançar o pêndulo muito para a esquerda ou para a direita algumas vezes, e queremos descobrir onde está o meio, para que todas essas ideias ousadas possam ter sucesso.

As mensagens "faça o que você gosta" que compartilhamos com os funcionários sobre o Teal foram um exemplo perfeito. A ideia de que todos podem fazer o que desejam sem um contexto mais amplo ou com as restrições adequadas não funciona. Há muito caos. Há muitas coisas puxando as pessoas em direções diferentes. Você não pode apenas esperar que os seres humanos façam as coisas certas para os negócios se não tiverem regras ou restrições, porque eles nem sempre fazem isso.

Então, precisamos colocar alguns trilhos para orientar sobre como tudo isso se desenrola. E, através da dinâmica baseada no mercado, vamos conseguir isso.

No futuro, vamos pedir que todos na Zappos equilibrem os lucros e as perdas de seus próprios círculos. Como explicar os resultados de um departamento de marketing, atendimento ao cliente ou círculos que realmente não estejam vendendo nada? Criando uma economia de "mercado" dentro do negócio. Basicamente, cada círculo começará com um orçamento e, em seguida, quaisquer bens e serviços que eles precisem de outros círculos – seja impressão, design ou colaboração de algum tipo – terão de ser "comprados" e "pagos".

Se um círculo não conseguir vender seus serviços existentes para qualquer outro círculo da empresa, talvez esse círculo não deva receber orçamento para esses serviços todos os anos e, em vez disso, descubra serviços diferentes que criem mais valor para a empresa. Não é como se fôssemos demitir as pessoas daqueles círculos que não se saem tão bem. Apenas trabalharemos com eles para realinhar ou trabalhar com outros círculos que precisem de mais ajuda. Mas, na maioria das vezes, o funcionamento interno da própria Zappos está sendo posicionado para agir mais como uma economia de livre mercado. Mais como as empresas atuariam dentro de uma cidade.

Obviamente, precisamos ter parâmetros e restrições, e essas restrições são o que estamos construindo nos últimos anos. E as restrições vêm da tentativa e erro e das lições que aprendemos do passado. É bom pensar que poderíamos dizer: "Ei, temos dez valores fundamentais e metas de lucro com que nos comprometemos com a Amazon e precisamos atingir. Então, faça o que quiser!". Em um mundo ideal, as pessoas fariam a coisa certa, entrariam em acordo e levariam os negócios adiante. Mas a verdade é que existem discrepâncias. Quando não havia restrições, acabamos com algumas pessoas dormindo no porão e outras querendo criar lhamas no campus. Portanto, ao fazermos isso, sabemos que precisamos ter a comunicação certa – exatamente como fizemos durante a mudança para o centro de Las Vegas – e sabemos que a comunicação deve se concentrar em garantir que as pessoas estejam alinhadas com o que a Zappos está tentando alcançar.

E então vem a parte muito legal: quando esses orçamentos estão em vigor, uma vez que cada círculo é responsável por seu próprio resultado, cada um desses círculos tem a liberdade de se auto-organizar para avançar e investir nas ideias das pessoas. Digamos que Regina tenha a ideia de expandir seus negócios para outro produto; digamos que ela deseje adquirir e vender produtos de escritório com desconto para organizações sem fins lucrativos (estou inventando isso completamente), da mesma maneira que fez com os brindes. E digamos que a equipe de Stevie não queira financiar essa ideia. Regina agora estaria livre para lançar essa ideia para qualquer círculo, qualquer equipe da Zappos, para ver se outra equipe poderia gostar da ideia dela o suficiente para ajudar a financiar e continuar.

> *Haverá concorrência. Haverá risco. Haverá tentativa e erro. Haverá todo tipo de comunicação, orçamento e conversas cruzadas entre departamentos e círculos – eliminando qualquer possibilidade de silos.*

Isso tem o potencial de se tornar um bazar interno cheio de mini-startups e empresas de capital de risco.

Todos na Zappos estarão agora livres para serem empreendedores, e todas as equipes da Zappos têm a oportunidade de fazer parceria e lucrar com essas ideias empreendedoras. Isso significa que haverá concorrência. Haverá risco. Haverá tentativa e erro. Haverá todo tipo de comunicação, orçamento e conversas cruzadas entre departamentos e círculos – eliminando qualquer possibilidade de silos. E, esperamos, haverá um sentimento aqui de todos os tipos de startups energéticas decolando de uma só vez, o tempo todo, que ajudarão a Zappos a crescer no futuro de maneiras imparáveis, que talvez nem consigamos imaginar neste momento.

E tudo isso será feito com 200% de responsabilidade, porque cada círculo será responsável por seu próprio resultado, e todos os círculos (ou equipes) combinados serão responsáveis por garantir que a Zappos como um todo continue alcançando seu lucro e suas metas de crescimento para a Amazon.

Dito isso, os valores fundamentais da Zappos, nossa cultura e a maneira como sempre nos concentramos no serviço, tudo isso permanece totalmente intacto. Se não oferecermos o melhor serviço e experiência do que estamos fazendo, então há um problema, certo? Portanto, não podemos simplesmente iniciar um mero negócio de brindes. Precisamos que ele seja ótimo e ofereça um serviço digno do nome Zappos. Se pensarmos maior e começarmos uma empresa de cabo da Zappos (novamente, estou inventando isso!), precisamos garantir que vamos superar todas as empresas de cabo concorrentes em termos de atendimento ao cliente.

Não importa o quanto uma ideia possa parecer grande ou pequena para um novo negócio, desde a entrega interna de alimentos por alguns dólares até o lançamento da Zappos Airlines ou da Zappos Hotels – qualquer que seja o futuro –, os valores fundamentais e, especialmente, nossa dedicação ao valor número um – "Entregar UAU através de serviço" –, devem permanecer na base de tudo. Porque todos sabemos que é isso que fará com que esses novos negócios tenham sucesso.

11

A REVOLUÇÃO DA EVOLUÇÃO

Rachel Murch
Iniciativas estratégicas
Sou capaz de recitar todos os estados americanos em ordem alfabética. É uma grande habilidade que aparece ao beber. ☺

Para mim, mudar para a auto-organização parecia uma evolução natural. Sei que isso pegou muita gente de surpresa, mas não pensei nisso como uma ideia nova. Eu pensava nisso como o próximo passo em uma ideia plantada há muito tempo.

A forma como eu descrevo isso é que Tony está sempre dez anos à frente de todos os outros, e ele meio que teve essa visão há muito tempo, muito antes de nós. Assim, tudo o que implementamos na Zappos é parte de alcançarmos a visão dele.

No início de 2011, comecei a trabalhar com Tony quando ele pediu ajuda para iniciar um programa chamado Z-Frogs, que foi inspirado por seu tempo como cofundador de uma empresa de capital de risco chamada Venture Frogs, antes da participação dele na Zappos.

> *Em 1996, fui o cofundador de uma empresa de publicidade on-line chamada LinkExchange, com meu colega de quarto da faculdade, Sanjay. Nós aumentamos a empresa para cerca de 100 pessoas e acabamos vendendo para a Microsoft dois anos e meio depois por US$ 265 milhões. Usei alguns dos fundos da venda para cofundar e investir na Venture Frogs (que chamamos de fundos de anjos) em 1999. Investimos em 27 empresas de internet diferentes, e a Zappos calhou de ser uma delas. Meu papel inicial foi apenas como consultor e investidor da Zappos.*
>
> *Ao longo do ano seguinte, percebi que, para mim, investir era muito chato, e eu sentia falta de fazer parte da construção de algo no dia a dia. De todos os investimentos que fizemos na Venture Frogs, a Zappos foi o mais promissor e o mais divertido, então, acabei ingressando na Zappos em tempo integral em 2000.*

A ideia era trazer as melhores práticas que ele aprendeu desse modelo para a nossa empresa, com a crença de que boas ideias podem vir de qualquer lugar. Ele criou uma empresa de capital de risco interna na qual ele e três outros executivos se sentavam em um painel, e os funcionários podiam apresentar ideias a eles – para ajudar a avançar a empresa ou apresentar coisas novas e inovadoras. Era o jeito dele de criar essa cultura de inovação e de dar às pessoas a oportunidade de realmente contribuir para o futuro da Zappos, qualquer que fosse a aparência.

É verdade que naquela época ele não delineou essa visão de "Zappos poderia ser uma companhia aérea" ou "Zappos poderia vender brindes" ou "Zappos poderia ser qualquer coisa", mas era nisso que ele realmente estava se metendo.

> *Na verdade, quando meu livro* Satisfação Garantida *foi publicado em 2010, fiz uma turnê de lançamento de três meses e meio (de ônibus!) por todo o país e mencionei a ideia de que um dia poderia haver uma Zappos Airlines ou um Zappos Hotel para oferecer o melhor atendimento e a melhor experiência ao cliente.*

Foi uma das muitas sementes que ele plantou para dar às pessoas a oportunidade de lançar ideias e, em seguida, potencialmente obter financiamento, ou até conseguir um emprego totalmente novo. Então, eu diria que o que temos feito nos últimos anos é apenas uma parte dos últimos 20 anos da evolução da Zappos. Gostamos de dizer que a Zappos é uma empresa de atendimento ao cliente que calha de vender [em branco].

A holacracia fazia parte da evolução, assim como a Oferta Teal – tentando manter as pessoas da empresa realmente comprometidas com essa visão. E então passamos para o que é nosso principal projeto atualmente, que é esse mundo da dinâmica baseada no mercado. Introduzida em 2017, a dinâmica baseada no mercado é nossa iniciativa atual para ajudar as equipes a agir como uma microempresa na empresa Zappos. É o próximo passo na evolução para se tornar uma empresa mais auto-organizada.

Uma camada fundamental de auto-organização, e operando como uma microempresa, é a oportunidade e a responsabilidade de gerenciar os aspectos financeiros desse negócio. Era necessário reinventar como os orçamentos eram tratados em um ambiente auto-organizado e baseado no mercado. No final de 2018, introduzimos o orçamento gerado pelo cliente. Isso ajudou a Zappos a criar uma economia em rede, permitindo que as equipes se adaptassem rapidamente às necessidades de seus clientes, internos e externos. Os ciclos de feedback aumentaram (em comparação com o orçamento de cima para baixo), ajudando a Zappos a ser mais resiliente em um ambiente de mercado imprevisível. O orçamento gerado pelo cliente também permite que novas ideias e inovações sejam financiadas internamente por clientes ou equipes em qualquer lugar da organização.

Grande parte do meu tempo é gasta em comunicação com nossos funcionários, tentando ajudar as pessoas a repensar sua mentalidade sobre o valor que estão agregando à empresa. Parte disso são novas ideias – inovação, criatividade e tudo o mais –, mas não é tudo. Tem também a ver com ser financeiramente responsável. Como podemos garantir que estamos tomando boas decisões para a empresa, para que possamos fazer outras coisas realmente legais? O que quer que sejam essas coisas, não sabemos. Para ajudar nessa comunicação, introduzimos recentemente o conceito do Triângulo de Responsabilidade. Parte do objetivo da criação do Triângulo de Responsabilidade era apresentar o número mínimo de restrições para permitir liberdade e responsabilidade máximas. Desde que cada círculo esteja dentro dos três limites – esteja alinhado com nossa cultura e nossos valores fundamentais, ofereça o melhor serviço e experiência ao cliente e equilibre seus lucros e perdas –, qualquer círculo ou equipe pode fazer o que quiser.

Não é uma tarefa simples. Mesmo que contratemos pessoas que acreditamos que serão capazes de se ajustar e se realinhar aonde quer que formos, ainda dá trabalho. Especialmente porque estamos realmente inventando esse novo modelo à medida que avançamos. Ninguém fez isso antes. Ninguém! E isso é superempolgante, desde que você veja isso como parte da evolução da Zappos – que todas essas peças estão alinhadas e, de fato, todas voltam a colocar o serviço em primeiro lugar. Porque tudo isso é sobre a prestação de um excelente serviço a consumidores, clientes, acionistas e, especialmente, nossos próprios funcionários, que no final das contas terão muito mais a dizer sobre seus próprios destinos e futuros por causa de nosso direcionamento.

Tudo o que estamos fazendo é uma amplificação e extensão de nossos valores fundamentais.

A REVOLUÇÃO DA EVOLUÇÃO

Acho que algumas das pessoas que saíram com a Oferta Teal viram o que valia mais a pena assim que deixaram a empresa. E foi por isso que alguns voltaram.

> Chamamos os funcionários da Zappos que saíram e voltaram de "zoomerangs".

Scott Julian
Merchandising

Eu tenho três nomes e três sobrenomes: James Scott Julian.

Eu aceitei a Oferta Teal. Eu me convenci de que precisava daquela mudança.

Na mesma época, outra empresa me ofereceu um aumento salarial significativo sobre o que eu estava ganhando aqui. Realmente significativo. Parecia uma coincidência muito grande. Como eu poderia recusar uma coisa tão incrível? Eu estava aqui fazia muitos anos, e me lembro de pensar: preciso sair para o mundo e provar a mim mesmo que posso ser bom em outro lugar. Então aceitei a Oferta Teal – e aceitei a outra oferta – e saí.

O primeiro sinal de que eu havia cometido um erro foi quando cheguei a Seattle e, grande surpresa, estava chovendo. Eu adorava o clima seco em Las Vegas. Seattle era o oposto. Além disso, eu tinha amigos em Las Vegas. Eu não conhecia ninguém em Seattle. Então, logo de cara, simplesmente não foi legal. O clima e minhas amizades eram duas partes da minha felicidade principal que não podiam ser substituídas pelo dobro do salário. Existe uma grande diferença entre ganhar dinheiro suficiente e pensar que você precisa de mais dinheiro. Uma grande diferença. Às vezes, dinheiro suficiente é a coisa mais importante.

Então, nesta nova empresa, a cultura ficou imediatamente diferente. Tudo era mais corporativo. Havia uma reunião das 9h todas as manhãs. Todas as manhãs. Por quê? Todas as manhãs, todos se reuniam em uma sala por cerca de três minutos e... o quê? Nada. Se alguém tinha perguntas, elas deviam ser feitas posteriormente, em outro ambiente – provavelmente em outra reunião. Isso simplesmente não fazia sentido para mim. Era uma perda de tempo que não significava nada e não resultava em nada para ninguém. E era assim que eles começavam todos os dias.

Nos dois ou três primeiros meses em que estive lá, eles contrataram mais três a quatro executivos. Acho que uma coisa que a Zappos sempre fez muito bem foi contratar os níveis executivos muito lentamente. Nós sempre acreditamos na construção da cultura, o que significava realmente dedicar tempo para garantir que estávamos trazendo as pessoas certas. Essa outra empresa sequer contratou pessoas com o histórico certo. Como na Zappos, se estamos contratando você para comprar sapatos, você provavelmente tem alguma experiência em comprar sapatos. Mas, nesse outro lugar, como em muitos outros lugares, eu contrataria um novo executivo que já havia vendido barbatanas de tubarão, só porque ele era um "bom homem de negócios" aos olhos de alguém.

Eu me lembro de encontrar Eileen, minha ex-colega da Zappos, em um mercado em Nova York, cerca de seis meses depois de começar meu novo emprego, e ela me perguntou como era. Eu disse: "É... simplesmente não é igual". Eu já sabia que estava infeliz.

No novo trabalho, mesmo seis meses depois que entrei, eu sentia que não tinha ninguém com quem eu realmente quisesse passar algum tempo fora do escritório. Pensei no quanto de dinheiro a Zappos investia em happy hours em uma semana, e era a mesma quantia que a nova empresa planejava gastar em uma excursão anual para seus funcionários em um ano. Simplesmente não havia chance de alguém se relacionar naquele lugar.

Além disso, o CEO dirigia um carro exótico muito caro. Tipo um supercarro. A ideia toda me caiu mal. Temos pessoas que vivem de exemplo na Zappos. O próprio Tony dirigia um Mazda velho, ou um Acura ou algo assim, e ia trabalhar de camiseta. (No momento em que este livro está sendo escrito, Tony nem sequer tem carro. Ele abriu mão do dele – para um funcionário que o ganhou durante um sorteio para comemorar a mudança da empresa para o centro. Ele se mudou para um Airstream Park a menos de dois quilômetros da Zappos para poder ir a pé para o trabalho.) Era tudo muito diferente. No final, decidi deixar a empresa e procurar um emprego diferente, que rapidamente se transformou em mais do mesmo.

Então, um ano e meio depois que saí, sofri um grave acidente de moto. Um motorista estava mandando mensagens pelo telefone (nunca mande mensagens de texto enquanto dirige). Eu fiquei muito mal. Levou três semanas até eu conseguir executar tarefas normais. Quando finalmente cheguei em casa para me recuperar, um dia depois, um caminhão da UPS parou na frente da minha casa, o cara tocou a minha campainha e segurava nos braços uma caixa grande da Zappos. Eu não comprei nada lá desde que saí – por culpa, acho. Então, não tinha ideia do que havia naquela caixa.

Quando abri, não conseguia acreditar nos meus olhos. Honestamente. Eu choro só de pensar. Fazia mais de um ano e meio que eu estava fora, mas o andar inteiro se juntou e encheu aquela caixa com coisas que eles sabiam que eu gostava: minha bebida favorita, todo tipo de coisas compradas especialmente para mim, para me desejar uma rápida recuperação e me dizer que eles estavam pensando em mim.

Para ser justo, também recebi uma cesta da nova empresa. Uma cesta da Hickory Farms. Eu gosto da Hickory Farms – quem não gosta? Mas não era pessoal, sabe? Como poderia ser? Não havia nada pessoal naquela empresa. Mas as pessoas com quem eu havia trabalhado na Zappos se reuniram e fizeram algo muito carinhoso e pessoal, mesmo depois de tanto tempo. Aquilo foi muito importante para mim. Foi um ponto de virada. Aquilo me fez pensar: "O que estou fazendo aqui quando meus amigos, minha família e minha felicidade estão em Las Vegas?".

Então eu voltei. Felizmente, eles me aceitaram de volta. Fui recebido de braços abertos, e nunca mais vou sair daqui. Não vou mesmo. Este lugar trata as pessoas da forma como elas devem ser tratadas. Todas as pessoas. Simples assim. E isso importa mais que o dobro do salário em qualquer outro lugar, com certeza.

Joe Grusman
Marketing de comércio eletrônico
Sou mecânico e advogado.

O fato de termos recebido Scott e vários outros ex-funcionários da Zappos de volta depois de eles terem aceitado a Oferta Teal diz muito sobre a cultura da nossa empresa. Para cada um desses indivíduos, aceitar a oferta era um risco. Foi uma grande mudança. Foi uma experiência. E, em alguns casos, eles descobriram que a experiência falhou. E aprenderam com isso. Acabaram entendendo que o que tinham era de alguma forma melhor, mais atraente, mais a serviço de suas necessidades e de suas vidas do que o que pensavam que iriam encontrar em outro lugar. Essa é uma ótima lição! Uma lição valiosa. Eles são melhores por terem vivido esse experimento e encontrado uma conclusão. É muito melhor do que se nunca tivessem assumido o risco de se aventurar, em primeiro lugar.

A experimentação por tentativa e erro é muito importante aqui na Zappos – em qualquer organização Teal – e uma parte superimportante da construção de um local de trabalho resiliente.

Nós queremos que as pessoas cometam erros. Queremos que as pessoas falhem!

Na estrutura da holacracia, temos vários círculos diferentes, e a maioria deles é composta de apenas três ou quatro pessoas, com círculos principais que cobrem grupos maiores e assim por diante. E, por causa dessa estrutura, cada um dos círculos menores é capaz de se mover, tomar decisões e ajustar a maneira como uma pequena startup pode se mover. E isso é ótimo.

> *A experimentação por tentativa e erro é muito importante aqui na Zappos – em qualquer organização Teal – e uma parte superimportante da construção de um local de trabalho resiliente.*

Como líder em marketing, digo à nossa equipe: "Eu sou a rede de segurança. Vocês precisam ir em frente e aproveitar esta chance. Se falharem, tudo bem. Mas precisamos falhar rapidamente".

Nós não queremos ninguém que persista no fracasso. Não queremos gastar muito tempo com ideias que não funcionam a ponto de perdermos o controle de outros aspectos importantes do negócio. Mas queremos incentivar as pessoas a experimentarem, o que significa incentivá-las a seguir em frente e falhar sem medo de consequências graves.

Nossa mentalidade geral aqui é absolutamente "vá em frente e falhe".

É uma mentalidade de startup. Uma mentalidade experimental. Sabemos que podemos falhar 80% do tempo sem nos preocuparmos, porque os 20% que funcionam superam os outros 80% que não.

Essa é a nossa abordagem, e funciona.

Por exemplo, um tempo atrás, tínhamos alguém trabalhando em um algoritmo de pesquisa, manualmente, para ver se era possível vencer os modelos existentes com a mente humana e meio que provar que o algoritmo não estava funcionando. Isso foi para uma de nossas campanhas de pesquisa paga, que gerenciamos no Google e também no Bing. Todo mundo se esquece do Bing, mas, no momento em que isso aconteceu, o Bing representava cerca de 20% das pesquisas, o que é muito.

De qualquer forma, enquanto trabalhavam nesse algoritmo, interromperam acidentalmente os resultados da pesquisa paga. No dia seguinte, chegamos e ficamos tipo: "O que aconteceu com os números? Por que tudo está torto?". Quando olhamos, vimos que a pesquisa paga estava pausada.

Calculamos que isso tenha nos custado cerca de US$ 75 mil em vendas, apenas da noite para o dia.

> *Nossa mentalidade geral aqui é absolutamente "vá em frente e falhe". Sabemos que podemos falhar 80% do tempo sem nos preocuparmos, porque os 20% que funcionam superam os outros 80% que não.*

Em outra empresa, alguém talvez tivesse sido demitido por isso. Mas a ideia aqui é: "Por que demitiríamos você? 1: Você nunca vai cometer este erro novamente. E 2: Você acabou de aprender uma lição de US$ 75 mil".

Por que eu gostaria de ensinar a alguém uma lição de US$ 75 mil, às custas da minha empresa, e depois deixar essa pessoa colocar essa lição em uso em outra empresa? Não faz sentido. Além disso, ele nos mostrou que precisávamos implantar novos sistemas para garantir que algo assim não acontecesse novamente. E adivinha só? Isso nunca aconteceu de novo. Então, esse "erro" foi valioso para todos nós.

Na verdade, o funcionário que cometeu esse erro cresceu e se tornou um líder muito forte dentro da empresa, agregando ainda mais valor do que o previsto em todos os aspectos.

Fracassar rapidamente e nunca descansar sobre os louros, ver os erros como oportunidades de crescimento e aprendizado: esse é o ímpeto por trás de muito do que fazemos aqui.

Jamie Naughton
Chefe de equipe

Fui contratada duas semanas antes de Christa Foley e passei a década inventando maneiras divertidas de lembrá-la disso. A mais recente: descobri que sou a funcionária n°70. Ela é a n°75.

Erros acontecem. Mas erros no contexto da auto-organização? Erros no contexto da dinâmica baseada no mercado? Erros em um local de trabalho que agora está totalmente focado em aprendizado, crescimento e humanidade, além de abrir novos caminhos? Erros são oportunidades.

Há uma história infame da Zappos que vem à mente: uma vez, um código escrito incorretamente colocou uma de nossas marcas mais vendidas em promoção durante o período em que a maioria dos produtos dela era vendida, logo antes das festas de fim de ano. E não estamos falando de um pequeno desconto, estamos falando de toda a marca, cada item dela, sendo colocado em valores de queima de estoque. Dentro de uma hora, todos começaram a perceber. Uma onda de "o que está acontecendo?" varreu o edifício. A equipe de tecnologia descobriu e corrigiu, claro – provavelmente não mais do que uma hora depois –, mas nossos clientes de fim de ano foram rápidos em aproveitar os descontos.

Isso acabou custando à nossa empresa quase um milhão de dólares. Em uma hora.

Obviamente, temos cláusulas legais para nos proteger quando esse tipo de coisa acontece. Como a maioria dos sites de comércio eletrônico e até supermercados que imprimem preços de venda em seus folhetos, temos termos de serviço que dizem que não somos responsáveis por erros ou "impressões erradas", e que temos o direito de cobrar o preço real no caso de um erro desse tipo (os clientes também têm o direito de cancelar seus pedidos, se essa cláusula entrar em vigor). Isso é ótimo no papel, mas somos uma empresa de serviços. Queremos realmente transmitir esse erro ao cliente? Queremos enviar a cada um deles um e-mail dizendo: "Desculpe! O preço que você pagou foi um erro de codificação, então estamos cobrando o preço total"?

Não! De jeito nenhum.

Esses clientes conseguiram o negócio do século. Foi como ganhar na loteria para eles, e tenho certeza de que eles contaram a todos os amigos. Quanto a nós, bem, ninguém perdeu o emprego por causa desse incidente, mas nós definitivamente aprendemos uma lição.

Às vezes cometemos erros tentando forçar limites. E às vezes erros acontecem. Foi um grande problema e, apesar de caro, foi uma oportunidade para a empresa aprender com esse erro, documentá-lo e encontrar maneiras de garantir que o mesmo erro não ocorresse novamente.

Nem todos os nossos erros são em tecnologia e codificação. Cometemos muitos erros nos nossos primeiros dias, tentando obter vendas. Há uma história sobre gastarmos algo como US$ 30 mil para exibir um anúncio em um evento esportivo num grande estádio e, quando fizemos as métricas, percebemos que conseguimos um cliente por esse anúncio. *Um!* Quando aquela pessoa vinha comprar no site, todos nós pensávamos: "Ei! Este é o nosso cliente de US$ 30 mil!".

Todos cometemos erros, e tudo bem. É assim que os humanos aprendem. É assim que fazemos progresso. E, agora, ao abraçarmos a auto-organização, abraçamos nossos erros mais do que nunca.

Não acho que alguém discorde de que cometemos muitos erros com a implantação de nosso sistema auto-organizado, mas ainda assim o implementamos. O medo de erros não nos paralisa. Acho que essa é uma das melhores coisas da Zappos e uma das coisas mais difíceis – porque estamos constantemente nos adaptando a coisas novas. Como não temos medo de mudar, apenas seguimos em frente o tempo todo. E, com a auto-organização, sabíamos que havia muita coisa em que não havíamos pensado. Tentamos colocar algumas salvaguardas. Queremos ser inteligentes em relação aos nossos erros, certificando-nos de que eles não nos levarão à falência, certo? Mas nos permitir cometer erros significa que somos capazes de aprender, mudar e realizar as coisas mais rapidamente do que a maioria das empresas jamais poderia imaginar. E esse é absolutamente um dos maiores segredos para resiliência e longevidade.

Até a aquisição pela Amazon foi uma jogada estratégica de nossa parte para continuarmos focando no longo prazo. Quando trabalhamos com a maioria dos investidores, tudo se resume a curto prazo, e sabíamos que a Amazon era e é uma pensadora de longo prazo. Então, hoje em dia, quando nos encontramos com os superiores, não é difícil para nós dizer: "Vamos tentar essa coisa nova, e você pode voltar em seis anos. Isto pode ou não funcionar. Provavelmente não saberemos por cinco ou seis anos". E a Amazon diz: "Isso parece interessante!".

Não somos uma empresa pequena, mas, em comparação com a Amazon, somos pequenos! Portanto, temos muita flexibilidade para ultrapassar os limites e, desde que a premissa de colocar o serviço em primeiro lugar sempre se aplique, o que estamos fazendo geralmente faz sentido para o pessoal da Amazon. Eles realmente querem aprender com nossos erros e com nossos sucessos, porque também estão interessados em estender a longevidade da empresa.

Muito do que falamos na primeira parte deste livro, a ideia central do atendimento ao cliente e a ideia de "cliente" além do cliente pagante, dos funcionários, dos fornecedores, tudo isso se aplica ao que estamos fazendo internamente. A ideia de que os negócios podem ser vantajosos para todos, de que todos devem ser bem atendidos pelo que está acontecendo aqui – tudo isso está relacionado a esses movimentos de gestão inovadores que estamos fazendo.

Acho que parte da história nos últimos dez anos, pelo menos na minha jornada na Zappos, é que crescemos. Claro que ainda saímos juntos, somos todos amigos, fazemos happy hours ou o que quer que seja, mas a Zappos nunca foi os happy hours. A Zappos nunca foi as "vantagens tecnológicas" das quais as pessoas querem falar: as sonecas, as mesas de sinuca, a sala de música. Isso é tudo secundário ao que estávamos tentando criar aqui, que é um ambiente em que as pessoas podem florescer, um ambiente em que as pessoas querem trabalhar, um ambiente em que nos orgulhamos da marca e das próprias realizações e do fato de estarmos trabalhando duro para fazer as pessoas felizes.

> *A Zappos nunca foi os happy hours. A Zappos nunca foi as "vantagens tecnológicas". Isso é tudo secundário ao que estávamos tentando criar aqui, que é um ambiente em que as pessoas podem florescer, um ambiente em que as pessoas querem trabalhar.*

Então, embora ainda recebamos muita atenção para a nossa sala de soneca (que oferece espreguiçadeiras de massagem montadas sob as pacíficas paredes curvas de um enorme tanque de peixes exóticos, construído pelos caras do programa de TV *Com água até o pescoço*), e ainda tenhamos atenção para o happy hour (alguns dos quais foram recentemente transferidos para o novo bar do campus), é a cultura que realmente importa. A cultura é o sentimento, as personalidades da sala. E acho que nos últimos dez anos realmente estivemos focados na nossa humanidade. Não apenas nas coisas divertidas que fazemos, mas em garantir que nossos benefícios estejam intactos, que possamos planejar famílias, comprar casas, fazer tudo pelo que estamos trabalhando – e possamos fazer isso em um lugar com mesas de sinuca e sala de soneca. Uma sala de soneca *fabulosa*.

O lado humano do local de trabalho desempenha um grande papel para as pessoas ficarem por 14 anos e sendo felizes no trabalho que fazem. Ele desempenha um papel importante para as pessoas desejarem criar coisas novas e passar pelas mudanças, pelos altos e baixos da implementação de novas ideias e novas estruturas de gestão. O fato de nossa empresa estar tentando entender o que as pessoas precisam para se sentirem felizes no trabalho e quererem fazer parte desta organização a longo prazo, o que significa ter filhos, famílias e todas as várias fases da vida dentro e fora do trabalho... isso é enorme!

Acho que muitas empresas têm boas intenções e não estão tentando enganar seus funcionários de propósito ou levá-los a procurar trabalho em outro lugar, mas eles têm políticas que impedem que suas intenções cheguem ao ambiente cotidiano da empresa. Quero dizer, sou capaz de saber, depois de cinco minutos de conversa com um representante da central de atendimento, quantas algemas são colocadas sobre ele e qual é a capacidade dele para realmente me ajudar. É bastante evidente que esses funcionários estão sendo criticados quando os telefones estão desligados, mas espera-se que sejam amigáveis com seus clientes. Apenas falta sinceridade. Se esses funcionários não estiverem sendo cuidados e tratados como os seres humanos completos que são, não há como eles darem tudo de si à empresa a longo prazo. De jeito nenhum! Isso simplesmente não vai acontecer.

De modo algum estamos dizendo que temos todas as respostas, ou que nosso caminho é o único. Espero que isso esteja claro. Estamos apenas descobrindo essas coisas à medida que avançamos, e os altos e baixos da mudança para a auto-organização são a prova disso. Mas quando, há um milhão de anos, Tony tentou explicar os Valores Fundamentais pela primeira vez, ele disse: "Às vezes, pode parecer que não sabemos o que estamos fazendo, e é verdade. Não sabemos. Mas tenha conforto em saber que ninguém mais sabe como construir uma empresa de calçados on-line também".

Ainda me sinto assim quando se trata de desenvolver uma força de trabalho autônoma e uma empresa auto-organizada: "Não sabemos o que diabos estamos fazendo, mas ninguém mais sabe como auto-organizar uma grande empresa ou criar um orçamento gerado pelo cliente!". Orçamento gerado pelo cliente. Isso é bem novo por aqui.

É basicamente uma maneira de fazer a dinâmica baseada no mercado funcionar, eliminando a burocracia do processo orçamentário hierárquico tradicional. Portanto, em vez de um sistema de cima para baixo, em que cada divisão (ou equipe, ou círculo) obtém seu orçamento anual de cima, e o controle desse orçamento fica com alguém acima ano após ano, cada círculo individual agora é responsável por seu orçamento próprio. Criamos um sistema totalmente novo para tornar esses orçamentos transparentes e acessíveis.

Grande parte do esforço para a auto-organização foi apenas uma coisa: impedir a burocracia desnecessária. Temos muita atenção do mundo dos negócios por fazer essa mudança, e agora, quando alguém revira os olhos e diz algo como: "Ah, vocês são a empresa que implementou a holacracia", eu apenas penso: "Ah, bem, isso é tão 2014!".

A holacracia agora é apenas parte do nosso trabalho. É uma estrutura. Uma plataforma, como John Bunch mencionou anteriormente. Nem parece mais novo para nós. Na sua empresa, você tem reuniões de equipe às sextas-feiras e, na Zappos, temos reuniões de holacracia de vez em quando. Não é algo de que falamos; é apenas algo que fazemos.

No começo, era estranho e difícil, ninguém sabia nada sobre isso, e agora todos meio que fazemos a auto-organização funcionar da maneira como nossas equipes precisam que funcione.

O objetivo de tudo isso não é complicar as coisas, é simplificar. Estamos sempre tentando manter a burocracia desnecessária fora do caminho. E a boa notícia é que, se fizermos uma mudança, e essa mudança não estiver funcionando, não teremos medo de voltar atrás ou de modificá-la de novo ou de tomar as medidas necessárias para desfazer o erro que cometemos. Não há arrogância. Não existe a ideia de seguir um plano ruim apenas para salvar a cara ou apenas porque alguém disse isso.

Tentativa e erro. Experimentação. Continuar seguindo em frente.

Se a auto-organização não estivesse funcionando para nós, nós não faríamos mais a auto-organização. Claro, a transição para ela foi barulhenta e desajeitada, causou muita dor e houve partes que precisaram ser recuadas e reajustadas em tempo real. Mas, no geral, funcionou muito bem. Apenas algumas partes precisaram ser adaptadas para quem somos como empresa, então adaptamos essas partes para se ajustarem.

Por exemplo, um sistema completamente auto-organizado não funcionava no call center porque, bem, é da natureza humana. As pessoas não querem trabalhar nos fins de semana. As pessoas querem escolher turnos que se encaixem com seus horários. Mas a empresa precisa ter pessoas nos telefones 24 horas por dia, sete dias por semana, não importa o que aconteça. Então, fomos forçados a voltar para algo um pouco mais próximo da hierarquia gerencial tradicional da equipe de fidelização de clientes, apenas um departamento, para garantir que todas as mudanças fossem cobertas, não importando o que acontecesse. Não podíamos ter o call center vazio todos os sábados à noite. Simplesmente não podíamos. Isso não atenderia nossos clientes ou o nosso negócio. Mas permitimos que os círculos da fidelização de clientes descobrissem isso por conta própria. Esse foi o segredo. Eles trabalharam para encontrar uma solução juntos, em vez de ficar esperando para receber ordens de cima.

Falando francamente, algumas equipes não fazem muita coisa com a auto-organização, enquanto outras não podem viver sem ela. Alguns departamentos precisam de uma reunião de equipe por ano, outros têm reuniões de equipe todos os dias. Mas cada equipe aqui descobre como fazer as coisas funcionarem para si. Isso faz muita diferença no nível humano. Há muito menos oportunidades de ressentimento e mais oportunidades de propriedade e orgulho na tomada de decisões, mesmo quando as decisões são difíceis.

> Fato divertido: veja como a Wikipédia define a auto-organização:
>
> A auto-organização, também chamada (nas ciências sociais) de ordem espontânea, é um processo em que alguma forma de ordem geral surge das interações locais entre partes de um sistema inicialmente desordenado. O processo pode ser espontâneo quando houver energia suficiente disponível, sem a necessidade de controle de nenhum agente externo. Isso é muitas vezes desencadeado por flutuações aleatórias, amplificadas por feedback positivo. A organização resultante é totalmente descentralizada, distribuída por todos os componentes do sistema. Como tal, a organização é tipicamente robusta e capaz de sobreviver ou autorreparar perturbações substanciais. A teoria do caos discute a auto-organização em termos de ilhas de previsibilidade em um mar de imprevisibilidade caótica.
>
> A auto-organização ocorre em muitos sistemas físicos, químicos, biológicos, robóticos e cognitivos. Exemplos de auto-organização incluem cristalização, convecção térmica de fluidos, oscilação química, enxame, circuitos neurais e redes neurais artificiais.
>
> A auto-organização é realizada na física de processos de desequilíbrio e reações químicas, onde é frequentemente descrita como automontagem.
>
> O conceito provou ser útil em biologia, do nível molecular ao nível do ecossistema. Exemplos citados de comportamento auto-organizado também aparecem na literatura de muitas outras disciplinas,

A REVOLUÇÃO DA EVOLUÇÃO

> tanto nas ciências naturais quanto nas ciências sociais, como economia ou antropologia. A auto-organização também foi observada em sistemas matemáticos, como autômatos celulares. A auto-organização é um exemplo do conceito relacionado de emergência.
>
> A auto-organização depende de quatro ingredientes básicos: (1) forte não linearidade dinâmica, muitas vezes embora não necessariamente envolvendo feedback positivo e negativo, (2) equilíbrio de aproveitamento e exploração, (3) múltiplas interações, (4) disponibilidade de energia (para superar a tendência natural à entropia ou desordem).[2]
>
> Ok, talvez não seja um fato divertido para você, mas é um fato divertido para mim. ☺

Pense nisto: quantas vezes as pessoas saem de uma empresa porque o relacionamento com seu chefe, seu chefe direto – seu gerente – não é bom? Alguém que pode ser uma ótima opção para a sua empresa pode ficar tão cansado que na verdade vai embora porque não se dá bem com uma pessoa dentre as centenas ou mesmo milhares de pessoas na sua organização. Essa é uma falha grave no sistema hierárquico tradicional, não é?

Houve um período confuso em que todas as manchetes diziam: "Zappos se livra dos chefes!". E então nossos funcionários meio que digeriram essas notícias, certo? Mas nunca houve a intenção de não ter chefes. A intenção era limitar a capacidade de qualquer chefe de nos dizer o que fazer. Queríamos que nossos funcionários tivessem mais autonomia. Mas, dentro de cada divisão, dentro de cada círculo, ainda precisamos de alguém para

---

2 Colaboradores da Wikipedia, "auto-organização", Wikipedia, The Free Encyclopedia, https://en.wikipedia.org/w/index.php?title=self-organization&oldid=895249589 (acessado em 20 de maio de 2019).

orçar e gerenciar recursos e tudo isso. Assim, o pensamento geral foi de "Sem chefes, que ótimo!" para "Espere, não, é isso que um 'elo principal' faz. Esse papel principal é importante. É um 'chefe', mas não da maneira tradicional".

Todo mundo tem um relacionamento diferente com o elo principal. Alguns elos principais são um pouco mais envolvidos, e alguns são realmente liberais. Alguns funcionários trabalham bem com um elo principal que seja liberal, e outros não. E, sob o novo sistema, os funcionários têm muito mais margem de manobra para descobrir onde se encaixam ou não e encontrar uma solução que os mantenha aqui – enquanto que, no sistema antigo, a única alternativa poderia ter sido sair da empresa.

Quero dizer, veja o que aconteceu com Miguel, Johnnie e até comigo! Nós estamos abrindo todos os tipos de portas para esse tipo de oportunidade de mudar para novas posições e criar novas posições agora. Fazemos isso o tempo todo – porque sabemos que isso nos manterá ágeis. Isso fará com que a Zappos pareça um monte de startups, tudo sob o mesmo teto.

O que é ainda mais emocionante é que é realmente bom para os negócios.

Há apenas pontos positivos em permitir que sua própria equipe se desenvolva e cresça.

Recentemente, tive uma reunião com a equipe e falei algo sobre o call center. Olhei em volta da sala e percebi que 100% das pessoas ali haviam iniciado nos telefones. Então, todos sabiam exatamente do que eu estava falando. Não havia desconexão. Embora eles não trabalhem mais no call center, todos já estiveram lá e o entendiam implicitamente. E todos tiveram a oportunidade de explorar e desenvolver suas paixões como funcionários e como indivíduos.

Todos os assistentes executivos da Zappos, todos eles, vieram do call center. E agora todos eles têm a capacidade de crescer, mudar e trazer seus eus inteiros, seus melhores eus, para o que quiserem tornar-se aqui, à medida que avançamos – e essa capacidade só cresce conforme tiramos a burocracia do caminho.

Acho que isso fecha o círculo dessa discussão sobre o que significa toda essa mudança, inovação e coisas difíceis que estamos tentando aqui: tem a ver com trazer todo o seu eu para trabalhar. É esse o objetivo da nossa cultura.

O objetivo não é avaliar a todos em como eles expressam os Valores Fundamentais. E percebemos que nosso conjunto particular de valores fundamentais não é para todos.

> *Faça aos outros o que gostaria que os outros fizessem para você.*

Durante um dos primeiros discursos que dei pela Zappos, uma mulher, uma cínica absoluta, levantou-se e disse: "Sim, isso é ótimo. Eu trabalho em um hospital. Não consigo colocar um chapéu engraçado na minha enfermeira e mandá-la falar com alguém que está morrendo". E minha resposta foi: "Então não faça isso. Não coloque um chapéu engraçado na cabeça dela. Por que você faria isso? Esse é o nosso trabalho. Às vezes usamos chapéus engraçados e desfilamos pelo escritório, e você não usa chapéus bobos porque está conversando com pessoas que estão morrendo. Descubra o que é certo para o seu ambiente".

Isso não significa que você não possa ter um ambiente de trabalho saudável porque está em cuidados paliativos. Na verdade, acho que é ainda mais importante ter um ambiente de trabalho saudável em um trabalho que é muito mais estressante emocionalmente do que o nosso. Mas mesmo *esse* trabalho tem a ver com prestação de serviços, não é? Em seu núcleo? Deixar as pessoas o mais confortáveis e felizes possível. Fazendo a coisa certa. Pensando em suas necessidades e, depois – espera-se –, em superá-las.

Tudo se resume à regra de ouro: "Faça aos outros o que gostaria que os outros fizessem para você".

É isso. A resposta para tudo foi descoberta há milhares de anos!

Oferecer um ótimo serviço em tudo o que fazemos é *isto*: é a regra de ouro.

Dar aos funcionários a capacidade de trazer todo o seu eu para o trabalho, expressar seus talentos, crescer como seres humanos. Essa é a regra de ouro em ação.

12

O FUTURO AGORA

Arun Rajan
Diretor de operações
Ensinei minha filha mais velha a dirigir. Embora ela estivesse incrivelmente confiante, foram necessárias quatro tentativas para passar no teste. Foi a motorista ou o professor?

Em outubro de 2017, três anos depois que voltei para a Zappos, fiquei diante de toda a equipe na reunião geral e conversei com eles sobre a notável jornada que fizemos.

Mesmo ancorando a holacracia e nos adaptando ao impacto da Oferta Teal, e evoluindo constantemente em um caminho para a auto-organização que nenhuma empresa do nosso tamanho jamais havia tentado, fizemos algo notável: entregamos três anos seguidos de aumento de lucratividade.

Lembrei a eles que, no início desse mesmo período, havia retornado à empresa e encontrado nossas finanças no nível mais baixo de todos os tempos.

Muitas empresas em nossa escala exigem que a intervenção externa seja revertida nessas circunstâncias. Uma recuperação bem-sucedida de dentro para fora geralmente não é o resultado, devido a silos, posições arraigadas e políticas que a maioria das empresas desenvolve em escala.

Então, por que fomos capazes de fazer isso? Por que fomos capazes de fazer tudo isso de uma só vez?

Minhas reflexões e observações sugerem que foi algo profundo em nosso DNA e em nossa cultura que permitiu que tudo isso acontecesse.

Fiz uma pesquisa informal com pessoas em toda a empresa, e a concordância universal com esse sentimento foi esmagadora. Durante esses três anos difíceis, todo mundo na empresa, em todas as funções, trabalhou duro para "abraçar e impulsionar a mudança". Coletivamente, não tivemos medo de "buscar crescimento e aprendizado" porque sabíamos que as velhas formas de fazer negócios eram potencialmente nada além de um beco sem saída – e não queríamos que nada disso terminasse. E, talvez, acima de tudo, entregamos UAU, não importando a situação. Nunca paramos de cuidar de nossos clientes, funcionários ou comunidade, apesar de tudo o que estivesse acontecendo – mesmo quando alguns de

> *Nunca paramos de cuidar de nossos clientes, funcionários ou comunidade, apesar de tudo o que estivesse acontecendo – mesmo quando alguns de nossos funcionários não concordavam com a direção que estávamos seguindo.*

nossos funcionários não concordavam com a direção que estávamos seguindo. Mesmo assim, nós nos importamos o suficiente para montar uma oferta para que esses funcionários saíssem sem arrependimentos, para irem em busca de seus próprios interesses e paixões. Nós não "precisávamos" fazer isso. Fizemos isso em serviço a eles. Fizemos porque é como somos. E, quando alguns deles decidiram voltar nos anos seguintes, nós nos importamos o suficiente para recebê-los de volta de braços abertos.

Nossos valores fundamentais foram importantes quando as fichas caíram e nossa própria sobrevivência estava em jogo. E nossa resiliência foi encontrada exatamente no que nos motiva: nosso serviço.

Foi um discurso que me emocionou. Ele foi feito apenas algumas semanas depois que um homem abriu fogo contra espectadores do Route 91 Harvest Festival, logo atrás do Mandalay Bay Resort and Casino, na Las Vegas Strip. A poucos quilômetros do nosso escritório. Muitos

> *Nossos valores fundamentais foram importantes quando as fichas caíram e nossa própria sobrevivência estava em jogo. E nossa resiliência foi encontrada exatamente no que nos motiva: nosso serviço.*

de nós tinham amigos ou familiares que estavam no local quando aquilo aconteceu. Alguns conhecíamos pessoas que morreram. E, mesmo quando não era o caso, aquilo havia chegado à nossa casa. Foi um acontecimento aterrorizante que afetou a todos, justamente onde vivemos e trabalhamos.

Então, naquele dia, no que foi durante a maior parte do tempo uma apresentação de negócios, eu disse à minha família da Zappos: "Apesar da contínua insegurança e ansiedade durante o período de constantes mudanças, que me forçaram a sair da minha zona de conforto, eu fiquei por causa do incrível apoio, do carinho e da resiliência que estão embutidos no tecido da Zappos. Nosso cuidado incansável com nossos clientes, funcionários e comunidade, mesmo em tempos sombrios, está sempre alinhado com o tipo de empresa da qual quero fazer parte. Porque fazer parte de algo assim é incrivelmente gratificante".

Houve muitas lágrimas naquela reunião.

Houve uma compreensão tangível e visceral de que o que fazemos aqui é muito mais do que trabalho.

Tem a ver com fazer nosso trabalho importar.

Tem a ver com dar propósito ao nosso trabalho.

Como indivíduos, em grupos, como empresa, em nosso próprio tempo, à nossa maneira e como organização, nós respondemos à tragédia de formas pelas quais, acredito, cada um de nós pode se orgulhar pelo resto da vida.

E, quando emergimos daquele momento sombrio, fizemos isso sabendo que nossa empresa estava ficando mais forte e resistente a cada dia, porque estávamos evoluindo e nos preparando para nossa própria longevidade, independentemente dos eventos inesperados que o futuro possa trazer. Emergimos acreditando que estaríamos aqui para a nossa comunidade, para nossos clientes e uns para os outros por muito tempo.

Tony Hsieh
CEO

Algumas das minhas coisas favoritas são fogueiras, brincar com fogo, grupos de mensagens e fazer viagens noturnas de ônibus com os amigos.

> *Novamente, esta próxima seção que você está prestes a ler é baseada em entrevistas comigo e escritas por Mark. O conteúdo é preciso e representa meu ponto de vista, mesmo que essas não tenham sido as palavras exatas que eu disse nas entrevistas.*

A auto-organização é realmente a única forma de organização comprovada na natureza, de um ponto de vista evolutivo, no que diz respeito às organizações humanas. E, assim como nas cidades, que são essencialmente sistemas auto-organizados, os benefícios de mudar para a auto-organização incluem mais inovação, mais produtividade, maior resiliência e a resistência ao teste do tempo.

Agora que já se passaram 20 anos desde que a empresa decolou, acho seguro dizer que estamos no caminho de alcançar a verdadeira auto-organização. Mas também sinto que é seguro dizer que há uma razão pela qual nenhuma outra empresa conseguiu ou realmente tentou isso nessa escala, e é porque o caminho para chegar lá é pouco intuitivo e *difícil!*

Lançamos a holacracia em 2014, depois de executar um pequeno programa de teste em 2013, o que significa que levou quase seis anos para finalmente chegarmos a um ponto que esperamos que finalmente leve ao próximo nível de auto-organização: a implementação da dinâmica baseada no mercado por meio de um sistema de orçamento gerado pelo cliente. Mas,

> *Qual é o número mínimo de restrições que precisamos estabelecer para dar a cada círculo de funcionários a quantidade máxima de liberdade e a quantidade máxima de responsabilidade?*

neste ano, finalmente apertamos o botão.

As pessoas, interna e externamente, nos perguntaram por que achamos que era tão importante mudar para a dinâmica baseada no mercado e para o orçamento gerado pelo cliente, que é um subconjunto disso. E a mensagem mais curta que parece fazer sentido para as pessoas é que, para conseguir isso, precisamos descobrir a resposta para uma pergunta incrivelmente complexa de auto-organização: qual é o número mínimo de restrições que precisamos estabelecer para dar a cada círculo de funcionários a quantidade máxima de liberdade e a quantidade máxima de responsabilidade?

A resposta a que chegamos no quarto trimestre de 2018 é "três".

Uma restrição é permanecer fiel à nossa base, aos nossos valores fundamentais e à nossa cultura. Portanto, todo e qualquer círculo da organização deve garantir que tudo o que eles estejam fazendo esteja alinhado com isso ou ajude a construí-lo.

A segunda restrição é a nossa marca, que é o atendimento ao cliente e a experiência do cliente. Portanto, precisamos garantir que, ao fazer isso, cada círculo esteja focado no serviço e na experiência, alinhados com a marca Zappos estabelecida.

E a terceira restrição é que, como todo círculo basicamente se tornará sua própria mini-startup, cada círculo precisa equilibrar seu resultado.

Desenhamos essas três restrições como um triângulo e o chamamos de Triângulo de Responsabilidade. E o discurso básico para os funcionários e para quem estiver interessado em aprender o que estamos fazendo é o seguinte: "Dentro desse triângulo, você pode fazer o que quiser. Mas você deve viver dentro dessas restrições".

Sei que existem pessoas que pensam que isso é apenas algum tipo de experiência maluca. Mas não é. É uma experiência muito controlada, com um paralelo existente no mundo real (também conhecido como cidades): se conseguirmos alcançar esse ato de estabelecer um sistema auto-organizado que atue como uma cidade de sucesso, a produtividade aumentará, assim como a inovação, assim como nossa capacidade resiliente de resistir ao teste do tempo.

Isso deixa uma última grande questão, que é: "Isso também pode gerar lucratividade?".

Se as três responsabilidades que mencionei são verdadeiras, então, logicamente, deve gerar. Não há como essas três coisas serem verdadeiras e a organização *não* ser lucrativa, a menos que, sei lá, seja uma empresa com zero pessoas.

A única maneira de as coisas darem errado é se os círculos não estiverem operando dentro dessas três restrições. Se houver círculos que não estejam equilibrando seus resultados, ou círculos que estejam tentando maximizar a receita sendo maus para todos, esses círculos serão dissolvidos. Em uma cidade saudável, algumas empresas saem do negócio, mas novos negócios inevitavelmente surgem para ocupar o lugar delas, assim como novos círculos podem se formar dentro desse sistema de auto-organização a qualquer momento.

Nossos valores fundamentais estão em vigor desde 2006, de modo que já são um fato. Essa é uma responsabilidade fácil para praticamente qualquer pessoa que trabalhe aqui de acordo com as exigências. O mesmo vale para a prestação de serviços, que antecede até nossos valores fundamentais. A única "nova" responsabilidade é fazer com que cada círculo seja responsável por suas próprias finanças de maneira muito direta. E trabalhamos para implementar sistemas que, com o tempo, tornem mais fácil para todos aqui dentro acompanhar tudo isso.

Levamos muito tempo para elaborar esse Triângulo de Responsabilidade e, mesmo sendo relativamente "novo", sentimos que cada um dos três lados resistirá ao teste do tempo. Primeiro, há muitos dados para mostrar que, tudo sendo igual, a longo prazo, empresas com as culturas mais fortes superam financeiramente empresas que não têm culturas fortes. Isso quer dizer que, se você está pensando no que é melhor para os lucros de uma empresa em um horizonte de mais de cinco a dez anos, não acredito que exista qualquer evidência de que *não* se importar com a cultura seja benéfico.

É difícil medir o ROI dos investimentos em "cultura" no curto prazo. Mas há muitas pesquisas sobre seu impacto a longo prazo. A verdadeira resistência que a maioria das empresas tem para dedicar tempo à cultura é o fato de estarem preocupadas apenas com o próximo trimestre ou, na melhor das hipóteses, com o próximo ano. Acho que o mandato médio do CEO é de três anos e meio, mais ou menos. E, se o CEO médio ficar lá por três anos e meio, ele só maximizará os esforços por esses três anos e meio.

Quanto à longevidade do lado de serviço ao cliente do triângulo, temos o histórico para comprovar. O ROI mensurável e de longo prazo para todos os clientes que desfrutam da experiência da Zappos é forte, especialmente para aqueles a quem ajudamos quando algo deu errado. Como Arun mencionou anteriormente, há um aumento de duas a cinco vezes no valor a longo prazo com esse subconjunto de clientes.

Portanto, existe apenas um lado do triângulo que é "não experimentado". E, quando se trata de orçamento gerado pelo cliente, que é a estrutura através da qual a dinâmica baseada no mercado trabalhará livremente nesta organização, há muitas provas no mundo real de que o mercado funciona. E são os mercados que criam inovações. Eu recomendo a leitura de um livro chamado *The Origin of Wealth* (A origem da riqueza), de Eric D. Beinhocker, que fala sobre esse conceito.

Para resumir rapidamente o livro: o futuro padrão para a grande maioria das empresas, em última análise, é a morte. Empresas morrem. Mas os mercados evoluem, criam inovações e são resilientes. Então, acho que, ao liberar o poder da dinâmica baseada no mercado dentro da organização, as chances de fracasso e, finalmente, o declínio e a morte do sistema são muito, muito menores do que seriam em qualquer estrutura de negócios hierárquica tradicional.

É muito para processar e, acredite, tem sido um processo longo. Mas também estou extremamente otimista de que finalmente chegamos a um ponto crítico.

Através das DTP Companies, estou envolvido em alguns projetos de construção consideráveis aqui no centro de Las Vegas, e fico sempre fascinado pela maneira como esses projetos de construção acontecem. Parece que passam dois ou três anos durante os quais é como se nada estivesse acontecendo, é basicamente um terreno vazio. Eles estão realizando testes e escavando a base, fazendo trabalhos de design, obtendo permissões e outras coisas, mas é apenas um amontoado de coisas por dois a três anos. E então, quando começam a construir, de repente parece que a coisa cresce da noite para o dia.

Outra maneira que gosto de pensar é em "crescimento linear" x "crescimento exponencial". O crescimento linear sempre supera o crescimento exponencial no curto prazo – até que não supera mais. Você pode ver isso em um gráfico, quando uma linha quase plana que parece estar indo a lugar nenhum, enquanto se move da esquerda para a direita, de repente dispara diretamente para o ar. É também o que acontece com os juros compostos de longo prazo em uma conta de aposentadoria.

Também é possível usar o exemplo clássico de moedas de um centavo em um tabuleiro de xadrez para descrever esse fenômeno. Se tivesse uma escolha, você preferiria ter um milhão de centavos em cada quadrado do tabuleiro de xadrez (portanto, 64 milhões no total, ou US$ 640 mil), ou um centavo no primeiro quadrado, dois no segundo quadrado, quatro centavos no terceiro quadrado e assim por diante – mantendo esse padrão de dobrar o número de moedas em cada quadrado em todo o resto do tabuleiro?

A maioria das pessoas escolheria os 64 milhões de centavos. É simples enxergar padrões lineares, e parece um monte de moedas de um centavo. Mas a segunda opção é realmente a mais inteligente, financeiramente falando, porque é uma equação exponencial: quando você chegar ao sexagésimo quarto quadrado no tabuleiro de xadrez, terá acumulado 18.446.744.073.709.551.615 centavos. (Sim, são pontos. E, sim, esse é um número insondável de centavos. Como em mais do que o número total de grãos de areia em todo o planeta!) Gosto da ideia de crescimento exponencial, e espero que estejamos nos aproximando desse ponto em nossa longa jornada para a auto-organização. Nesse caso, poderia levar a uma mudança bastante perturbadora no mundo da ciência da administração. Ou talvez seja apenas a nossa coisa. Talvez ninguém mais se importe. Mas, sempre que há uma grande mudança revolucionária, a maioria das pessoas nem percebe que está no meio dela. Apenas anos depois as pessoas veem o que aconteceu. Como o primeiro voo dos irmãos Wright, para o qual eles não tiveram atenção ou cobertura da imprensa – nem uma única menção de seu sucesso, na verdade, até três anos após o fato. Como o primeiro voo do homem poderia passar basicamente despercebido? Por anos? Parece impossível. As viagens aéreas mudariam tudo na forma como vivemos e interagimos como seres humanos. (Essa história também é citada em um livro favorito que mantemos sempre à mão na biblioteca da Zappos, *Comece pelo porquê*, de Simon Sinek.)

Não que um modelo e uma estrutura de negócios auto-organizados sejam algo semelhante ao primeiro voo do homem.

Mas, se isso funcionar da maneira que parece estar funcionando, acredito que haverá efeitos colaterais do que estamos fazendo aqui.

A Amazon está interessada. Os outros também. Mas a Amazon tem o primeiro olhar, e eles estão assistindo de perto porque percebem que, conforme crescem, em termos de pessoas, a estrutura hierárquica e a metodologia de alocação de recursos de cima para baixo não estão escalando com elas. Sua capacidade de tomar decisões dinâmicas de alocação de recursos diminuiu, o que acontece em todos os sistemas hierárquicos em escala. O que significa que o orçamento e outros processos hierárquicos de tomada de decisão também não são dimensionados.

Historicamente, o processo orçamentário na maioria das empresas consideráveis, incluindo a Zappos, é realizado uma vez por ano, no final de cada ano, para o ano seguinte. Mas, na vida real, especialmente no mundo em que vivemos hoje, as coisas mudam muito mais rápido do que isso – e não há maneira fácil de responder às mudanças em tempo real em uma grande organização.

O que estamos fazendo com o orçamento gerado pelo cliente permite um tempo de resposta muito mais rápido.

Como os orçamentos estão agora nas mãos de cada círculo individual, os ajustes no orçamento podem acontecer da mesma forma que aconteceriam se você administrasse uma padaria ou qualquer empresa de pequeno porte. Você pode elaborar um plano geral para o ano inteiro, mas, se amanhã você receber o dobro ou a metade do número de clientes, você se ajustará a essa realidade muito mais rapidamente do que faria se não conseguisse cumprir o orçamento até o final do ano.

É simples no conceito: equipes menores podem tomar decisões individualmente muito mais rapidamente. Mas colocar isso em prática é um desafio, e realmente começamos a deixar isso acontecer, o que é emocionante.

Outras empresas farão a mesma coisa?

A curto e médio prazo, é difícil dizer. Estamos em uma posição única em termos de tamanho, acordo com a Amazon, cultura e valores estabelecidos há muito tempo. Uma empresa tão grande quanto a Amazon ou até metade do tamanho da Amazon não pode experimentar a alocação dinâmica de recursos da maneira como nós podemos. Mas, uma vez que estabelecermos a estrutura e a infraestrutura e mostrarmos esse modelo na prática, quem sabe?

Com alguma sorte, o que estamos fazendo aqui inspirará algumas novas empresas a desenvolver esse tipo de sistema auto-organizado a partir do começo, talvez aproveitando nossa plataforma, em vez de seguir o modelo hierárquico tradicional desde o primeiro dia.

Tyler Williams
Diretor de Brand Aura
Eu me casei com a minha namorada do Ensino Médio, Elissa, com quem comecei a namorar aos 14 anos.

Acho que, na maioria das empresas, não fazer nada e apenas continuar os negócios como de costume é tão perigoso quanto tentar algo radicalmente novo. Porque, no fim, se a vida útil média da maioria das empresas for de 15 anos, você já sabe o que vai acontecer. Não tomar medidas significa escolher o cenário mais provável, que é ver sua empresa terminar em um cronograma finito. Você está quase contando com o fato de que, em algum momento, haverá uma mudança que você não poderá controlar, ou apenas atingirá esse ponto obsoleto em que o mundo muda ao seu redor.

Então, acho estranho e meio desconcertante, às vezes, que tantas empresas não estejam dispostas a inovar ao mesmo tempo que estão fazendo o que quer que seja que as tornou um sucesso até agora.

Mas chega de falar da estrutura. Eu quero falar sobre o quanto é emocionante que esteja realmente aqui e que a possibilidade de tanta coisa acontecer esteja bem diante de nós agora.

Por exemplo, recentemente assumimos o que era conhecido anteriormente como o Axis Theatre, no Planet Hollywood. Agora se chama Zappos Theatre, e já foi palco de shows de Backstreet Boys, Gwen Stefani e Jennifer Lopez sob nossa gestão. Provavelmente, existem muitas pessoas que acham que esse é apenas um daqueles acordos de marca, como se vê em estádios por todos os Estados Unidos, em que uma grande empresa paga muito dinheiro para comprar os direitos de nome para uma arena já estabelecida ou a ser construída em breve. Mas não é o caso aqui. Na verdade, montamos um círculo que realiza as operações diárias de merchandising do Zappos Theatre, e estamos fazendo o possível para infundir cada experiência de concerto com todos os serviços pelos quais a Zappos é conhecida em conjunto com o Caesar's.

Queremos usar a tecnologia e as habilidades pessoais de cada um para inovar toda a experiência, desde a compra de ingressos até a busca de assentos. Queremos eliminar o grande número de pessoas que tentam comprar mercadorias para shows antes e depois do show. Você já ficou preso em uma dessas filas, que muitas vezes se transformam em uma multidão, apenas tentando comprar uma camiseta ou um porta-cerveja da marca depois de um show? É terrível! Muitas pessoas veem a fila, desistem e vão embora sem a mercadoria e as lembranças que desejam. Estamos tentando consertar isso, entre outros problemas, enquanto recebemos novas ideias de nossos clientes que assistem a shows. Também estamos trabalhando diretamente com alguns dos artistas que chamamos para projetar mercadorias legais e tornar a experiência melhor para seus "clientes", seus fãs, enquanto estamos nisso.

E, aderindo à nossa cultura Zappos ao longo do caminho, não podemos deixar de fazer conexões emocionais pessoais à medida que avançamos. Além do teatro, há toneladas de ideias criativas sendo lançadas ao redor, enquanto os círculos tentam encontrar maneiras de aumentar seus lucros, interna e externamente, e acho que alguns deles vão ter ideias realmente grandes.

Tipo, poderia haver uma cadeia de hotéis Zappos, ou Zappos Airlines, ou quem sabe o quê, certo? Mas esse tipo de coisa, se alguém pensar nelas, levará muito tempo e financiamento para decolar. É por isso que acho que as pequenas ideias estão entre as coisas mais emocionantes.

Por exemplo, tem um cara aqui que faz vídeos. O nome dele é Pat, e ele é basicamente um círculo de uma pessoa só, neste momento, e ele fatura cerca de US$ 5 mil por mês internamente – gravando vídeos para diferentes círculos que precisam de vídeos. E ele às vezes tem tempo de inatividade, como quando seus vídeos estão sendo renderizados no computador. É um processo demorado e sempre há tempo de inatividade quando ele está apenas aguardando a renderização desses vídeos. Então, ele está tentando criar um negócio de geração de renda que ele possa administrar durante o tempo de inatividade. Pode ser uma empresa muito pequena, mas não importa. Ainda geraria renda, o que aumentaria o lucro geral de seu círculo de vídeos e facilitaria o equilíbrio de seus resultados.

Ele veio com uma coisa comum de que todo mundo precisa: palhetas de limpador de para-brisa. A maioria das pessoas vem para o trabalho de carro, e todo mundo precisa substituir as palhetas de vez em quando. Ele sabe como trocar as palhetas do limpador e pode fazer isso na garagem enquanto espera que as coisas sejam processadas. Parece tão trivial, certo? Até você ter 1,5 mil pessoas fazendo a mesma coisa. Então, basicamente, você tem todos esses minifundadores com esse tipo de mentalidade de fundador, como "cara, eu tenho que equilibrar meus resultados, então preciso encontrar algo que as pessoas queiram, encontrar clientes e atendê-los".

Assim, poderíamos ter ideias grandiosas que demandariam muito investimento para sair do papel, ou poderíamos ter 1,5 mil funcionários em todos os trabalhos paralelos e acumularmos tudo isso juntos. Ou alguma combinação de ambos, e um monte de intermediários, que é o cenário mais provável.

Daniel Oakley
Equipe de fidelização de clientes, mídias sociais

Em abril de 2018, o Zappos Theatre anunciou que receberia o espetáculo "Just a Girl", de Gwen Stefani, em Las Vegas. Seus fãs enlouqueceram em todos os nossos canais sociais, especialmente no Twitter. Eu devo ter visto todos os GIFs de Gwen dentro de 30 minutos após o anúncio.

    Havia três fãs que se destacaram para mim e estavam realmente se envolvendo com a nossa conta @ZapposTheater do Twitter. Enquanto conversava com as três moças (a quem eu me refiro carinhosamente como "as rainhas"), soube que as três moravam em cidades diferentes nos Estados Unidos e se conheciam por assistir a concertos de Gwen em todo o país. Elas usavam os shows como desculpa para viajar e se encontrar. Provavelmente conversei com elas por umas boas três horas na noite do anúncio do show e fui convidado a participar da "noite das mulheres".

    Depois de conversar com elas e construir um vínculo, entendi que a Zappos tinha de fazer algo para lhes proporcionar essa experiência UAU! Enviei o link do fio de Tweets para minha liderança e demos início a um plano de jogo. Nós sabíamos as datas em que as fãs de Gwen estavam saindo para Las Vegas, e elas mantiveram contato constante até o dia da estreia do show.

    Consegui me juntar a elas e até vesti uma camisa personalizada que dizia "Rainha Honorária". Impressionamos as três com um jantar antes do show, demos a elas sacolas especiais com lembranças, e eu fui até Gwen com elas no local reservado para a imprensa! Foi realmente uma experiência e tanto e mostra que um pouco de conexão emocional pessoal pode conseguir muita coisa.

Digamos que Pat permaneça em casa e lucre US$ 5 por substituição. Se ele vender limpadores para todos os 1,5 mil funcionários ao longo do ano, serão US$ 7,5 mil.

Agora, e se todos os 1,5 mil funcionários estiverem administrando pequenas empresas que gerem um lucro extra de US$ 7,5 mil por ano? São US$ 11,25 milhões. Isso não é insignificante.

O negócio principal não sofre, porque essas coisas extras podem ser feitas em paralelo. E então, quem sabe, o negócio de limpadores de para-brisa começa a encontrar clientes externos e se torna algo próprio. E talvez ele precise contratar outra pessoa para ajudar, então ele basicamente se torna CEO do novo círculo das palhetas. E depois ele contrata alguém na parte do vídeo, porque passou a dividir seu tempo entre os dois. Daí, uma coisa foi dividida, como uma célula, ou o negócio dos limpadores cresceu. Talvez muitas pessoas que trabalham em Las Vegas queiram aproveitar seu serviço de substituição de palhetas de limpador de para-brisa e ele o transforme em um negócio de US$ 10 milhões. Por que não? Coisas estranhas acontecem, certo?

E nem todo mundo precisa ser um empreendedor para que isso funcione. O único empresário da padaria local é o dono da padaria, certo? Portanto, se Pat, o cara do vídeo, é o empresário, seus funcionários nos negócios de vídeo e limpador podem apenas fazer seu trabalho, editando o vídeo e substituindo os limpadores. Mas, se eles tiverem um espírito empreendedor, eles terão a capacidade de trabalhar por conta própria com outros círculos e começar suas próprias novas iniciativas. E nós os apoiaremos nisso. Isso nunca acaba. Poderíamos realmente ter um prédio cheio de 500 startups prósperas a qualquer momento, gerando renda relacionada ao orçamento dentro do prédio, prestando serviços a outros círculos – como, hipoteticamente, talvez o Wiper Circle precise da criação de um site, que pode ser criado por nosso círculo de experiência digital do cliente – ou gerando renda externa, da mesma maneira que um dos círculos que eu supervisiono, que costumava produzir festas com som interno, luzes, configuração, desmontagem etc., agora vende seus serviços para empresas por toda a cidade. Esse círculo se transformou em um ótimo negócio e está crescendo rapidamente porque temos uma plataforma para organizar nossas próprias festas Zappos, que agora se tornam uma vitrine para nosso produto, o qual podemos vender para fornecedores e outras pessoas que estiveram em nossas festas!

Como eu disse, nunca acaba. As possibilidades apenas crescem. Outro exemplo: Miguel, nosso artista residente, abriu um negócio na Zappos agora. Originalmente, tudo começou quando ele foi financiado por seu trabalho único, fazendo o que ama, apenas pela Zappos. Mas o pessoal da Amazon sempre admirou seu trabalho, e um dia nós o levamos para algumas reuniões na Amazon e eles disseram: "Por que Miguel não pode fazer um mural ali?". Então, nós o emprestamos para fazer um mural, e eles disseram: "Podemos ficar com ele? Queremos que ele faça murais por toda parte". Nossa resposta foi: "Não, ele é nosso. Você não pode ficar com ele. Mas... quer dar uma olhada no menu de serviços dele?".

A Amazon não hesitou em pagar milhares de dólares por um de seus projetos em mural. Ele percebeu que poderia trazer dinheiro adicional de outras empresas que também querem seus serviços, e está no processo de transformar isso em um negócio completo agora, falando sobre a contratação de outros artistas, talvez uma equipe inteira de artistas.

Miguel Hernandez
Curador de Arte e Criativo

Claro! Estou trabalhando para conseguir o financiamento para mais um artista residente agora e – quem sabe? – eu gostaria de construir um exército inteiro de artistas. Poderíamos colocar obras de arte em escritórios de toda parte. Estou tão ocupado que preciso mesmo de outro conjunto de mãos. E posso "fazer mais com menos", mas também posso fazer mais com mais. Acho que podemos realmente transformar isso em algo especial. Estou no processo de executar os números e montar um plano inteiro. E, novamente, nunca me imaginei sendo um empresário ou liderando uma equipe de artistas. Também nunca imaginei que faria a curadoria de uma mostra de arte, mas já fiz isso. Eu fiz muitas coisas por causa da Zappos e da maneira como esse lugar funciona. E há muito mais por vir!

Chris Mattice
Finanças
Saí do meu emprego anterior em 2010 para me tornar um jogador de pôquer profissional.

Estamos até projetando um novo sistema financeiro completo, chamado CFO Tool. Seu discurso de venda é que se trata de um "orçamento sem uso das mãos" para funcionários como Miguel, que nunca se imaginaram como gerentes tradicionais, mas se viram criando um novo negócio. É um sistema que permitirá que o orçamento gerado pelo cliente funcione sem problemas, permitindo que os links de leads gerenciem seus próprios orçamentos com facilidade.

Nosso objetivo no início do projeto era entregar UAU aos nossos clientes internos, criar transparência e disponibilizá-lo 24 horas por dia, 7 dias por semana (como nossos surpreendentes representantes da fidelização de clientes). Também tinha que ser intuitivo de usar. Em seguida, reunimos uma grande equipe de engenheiros e designers visuais para construir a ferramenta CFO, tornando-a clara e simples para todos, mesmo que esse novo processo pareça assustador. Concluímos testes exaustivos do usuário e perguntamos: "Quais são as principais coisas que você mais gosta e odeia nos nossos sistemas atuais?". O feedback foi incrível. No início, Tyler Williams me disse que pagaria US$ 100 mil ao meu círculo se ele nunca precisasse fazer *log in* no sistema que estávamos usando e aprovar um pedido de compra novamente, então fomos à prancheta e fizemos isso acontecer.

Imagine, no futuro, um sistema que combine tudo o que uma empresa de pequeno porte (ou até grande) usa – planejamento de recursos empresariais, tesouraria, recrutamento, recursos humanos, folha de pagamento, compras, inventário, contas a pagar, contas a receber e relatórios – em uma ferramenta on-line. O resultado seria algo que nunca foi criado antes. Mas queríamos oferecer esse ótimo serviço a todos na Zappos, para que os elos principais que talvez nunca tenham sido gerentes antes possam executar um projeto e gerenciar as finanças de seu círculo como um profissional experiente.

Com a ferramenta de CFO, os links de líderes podem tomar decisões sem a aprovação de um líder sênior ou de finanças. Se um elo principal decidir que precisa mudar de direção ou alocar seu orçamento de maneira diferente, tudo bem. O elo principal pode atualizar seu orçamento na ferramenta CFO a qualquer momento, pois está tudo on-line. Ele conecta vários sistemas em toda a organização, permitindo que os elos principais usem a lógica de "balcão único" para a maioria de suas necessidades. A ferramenta de CFO também possui muitos relatórios *ad hoc* incorporados para que as finanças ainda possam obter o que precisam. Acho que o mais legal é a transparência que incorporamos à ferramenta, e todos os funcionários da Zappos conseguem ver as finanças de todos os outros círculos.

Aqui está a visão da ferramenta de CFO e como ela oferecerá suporte ao orçamento gerado pelo cliente e à dinâmica baseada no mercado: o orçamento gerado pelo cliente envolve a criação de contratos de serviço entre os principais links de diferentes círculos como prestadores de serviços e como clientes. Os contratos de serviço são projetados para tornar explícito o trabalho implícito e ajudar a facilitar as expectativas dos círculos, para que não haja surpresas e para que os dois lados se responsabilizem. A receita é recebida mensalmente pelo círculo do provedor de serviços e paga por meio de faturamento interno na ferramenta do círculo do cliente. Um círculo também pode obter receita com a conclusão de recompensas, faturando trabalhos *ad hoc* concluídos para seus clientes ou gerando receita externa adicional. Isso elimina o processo de orçamento anualizado e altera o processo para que um elo principal seja tão simples quanto equilibrar seu talão de cheques. Assim como no mundo real, para a vida cotidiana de cada funcionário, contanto que seu saldo bancário não seja negativo, tudo estará bem.

Tia Zuniga
Marketing experimental e estratégia de marca
Eu quebrei meu braço todos os anos da escola primária. Uma combinação de ser desajeitada, aventureira e não gostar de receber ordens.

Há outro incentivo para avançar em direção à auto-organização: virar a pirâmide gerencial tradicional de cabeça para baixo, deixando seu pessoal assumir o comando – isso realmente tira muita pressão de um CEO e permite que ele faça as coisas pelas quais é realmente apaixonado. As coisas em que ele é ótimo.

"You're so vain... I bet you think this song is about you... Don't you? Don't you?"[3]
Estou brincando, eu realmente acho que Tia está falando de mim como se eu não estivesse aqui.

Não acho que seja um segredo que muitos CEOs iniciantes não gostem dos papéis mais tradicionais que são forçados a assumir quando a empresa cresce. O modelo de auto-organização muda isso. Isso libera alguém como Tony para fazer as coisas pelas quais ele é apaixonado, ao mesmo tempo que deixa os outros

---

3 Você é tão vaidoso. Aposto que acha que esta canção é sobre você... não acha? (N. da T.)

O FUTURO AGORA 243

apaixonados por outros aspectos do negócio enfrentarem esses desafios. É como a maior forma de delegação de todos os tempos. Entregue a seus funcionários. Deixe-os assumir a liderança em projetos. Quando você obtiver as pessoas certas, adequadas à cultura e à empresa, e confiar que todos estão seguindo na mesma direção, a auto-organização permitirá que essas pessoas sejam ótimas! Não é terceirizar o trabalho ou não fazer o trabalho. É fazer com que as pessoas apaixonadas por essa parte pela qual você *não é* apaixonado emprestem seus talentos a essas áreas. Isso faz sentido.

Um exemplo: depois que Tony escreveu *Satisfação Garantida*, ele não quis escrever um livro de acompanhamento. Os editores perguntaram a ele sobre isso. Amigos perguntaram a ele sobre isso. Outros líderes empresariais perguntaram a ele sobre isso. Ele simplesmente não estava interessado. Não que não achasse que estávamos fazendo muitas coisas interessantes na Zappos. Ele simplesmente não estava interessado em ser conhecido como escritor e não estava interessado em fazer tudo ser a respeito dele mesmo.

Então minha equipe interveio.

Não quero ser muito autorreferencial aqui, mas isso por si só é uma história muito zapponiana. Depois que Kelly Smith (nosso elo principal), Derrin Hawkins (o noivo dela, que ela conheceu e começou a namorar aqui na Zappos) e eu formamos um círculo (como parte de um concurso de funcionários que nos incentivava a adotar o cultivo cruzado de auto-organização), nós criamos uma ideia fora da caixa de deixar nossos *funcionários* escreverem um livro. Conseguimos um orçamento para isso através do departamento de marketing e de Brand Aura e fizemos algumas pesquisas, encontrando um escritor best-seller do *New York Times* que se apaixonou por nossa cultura e nosso desejo de inspirar, em quem sabíamos que poderíamos confiar para nos ajudar a reunir tudo. Contratamos um agente e atraímos o interesse de alguns grandes editores e, no final, escolhemos ir com a BenBella, uma editora menor do Texas, com quem simplesmente vibramos, da maneira mais Zappos possível – porque eles nos fizeram uma oferta que parecia estar realmente a nosso serviço e ao de nossos leitores em potencial.

Portanto, este livro que você está segurando nas mãos é um resultado direto da auto-organização, da dinâmica baseada no mercado e das maravilhas da auto-organização em ação!

Olhando para algumas das outras ideias que já vieram à tona, isso me faz pensar no reality show *O chefe espião*. A premissa é que os CEOs de algumas grandes empresas usam perucas, narizes falsos e óculos no estilo Clark Kent para se disfarçarem e poderem "se esconder" e serem contratados para posições mais baixas da hierarquia em suas próprias empresas. Isso lhes dá a chance de experimentar o que está acontecendo na linha de frente, no balcão do restaurante, na área de embarque ou com a equipe de zeladoria. Disfarçados, eles têm a liberdade de conversar com seus funcionários com total abertura e honestidade, e alguns desses chefes descobrem coisas que nunca souberam sobre suas próprias empresas. Problemas que precisam ser corrigidos, com certeza. Mas também descobrem indivíduos incrivelmente talentosos e com visão de futuro, bem no fundo da pirâmide tradicional. E então, para fazer um bom programa de TV, eles se revelam em uma cena dramática, e as pessoas sempre ficam chocadas. Em seguida, o CEO recompensa esses trabalhadores por suas boas ideias, às vezes promovendo-os para cargos mais altos ou dando--lhes bônus e implementando algumas de suas ideias para melhorar a empresa.

Minhas perguntas são: Por que isso precisa ser feito disfarçado? E se todos os CEOs fizessem isso abertamente, o tempo todo? Todos damos risada disso, porque não tenho certeza de que Tony consiga se disfarçar. Todos nós o conhecemos muito bem. Um disfarce não funcionaria.

> *Não tenho certeza se isso é completamente verdade. Isso me lembra a época em que eu estava na sétima série e entrei no concurso de Halloween da nossa escola secundária. Coloquei maquiagem, uma peruca e as roupas da minha mãe. Os professores alinharam todos os competidores, inclusive eu, contra a parede. Descobri depois que eles me desclassificaram, porque um dos juízes olhou para mim e disse: "Do que ela está fantasiada?!"*

Nós o vemos o tempo todo. Enviamos um e-mail com perguntas e ele responde. Pedimos uma reunião e ele se reúne conosco (embora às vezes possa demorar algumas semanas para entrarmos na sua agenda).

Mas, para os CEOs que não trabalham assim, imagino que não manteriam sua força de trabalho por perto se não achassem que eles são muito inteligentes, certo? Muito bons no que fazem? Então, por que não explorar essas mentes brilhantes ao seu redor e deixá-las ajudar a levar sua empresa adiante, agora, em vez de esperar e reagir às inevitáveis mudanças no mercado pelas quais seu pessoal provavelmente já está esperando?

Capacite seus funcionários, e os resultados podem ser surpreendentes.

É preciso mais do que apenas escutar, mesmo que escutar seja um bom começo! É preciso confiar em dar a eles o poder de fazer mudanças.

Capacite seus funcionários, e os resultados podem ser surpreendentes.

Chris Peake
Iniciativas estratégicas
Sou corredor, mas corro porque gosto de beber cerveja, não por gostar de correr. ☺

Até agora, vimos alguns grandes sucessos individuais sob a auto-organização e nosso sistema de autogestão em evolução. Porém, quanto mais a dinâmica baseada no mercado se desenvolver, mais acredito firmemente que aumentará nossa taxa de sucesso dez vezes.

Gestores tomam muitas boas decisões, mas a liderança tradicional sozinha nunca tomará as decisões certas o tempo *todo*. Para ecoar Tia: é preciso escutar as pessoas na base, as forças que estão conversando diretamente com seus clientes sobre quais são suas necessidades. E depois? Dê a essas pessoas as chaves do carro e deixe-as dirigir por aí.

Quanto mais capacitados forem seus funcionários, mais inovadores eles se tornarão. E, finalmente, quando eles sentirem que estão realmente no banco do motorista, é aí que surgirão as ideias mais surpreendentes, revolucionárias e inovadoras.

Tyler Williams
Diretor de Brand Aura
Eu construí uma mesa de pong à prova de fogo com um Roomba.

Faz muito tempo. E fomos lentos demais, especificamente com a dinâmica baseada no mercado, porque queríamos fazer tudo direito. E a maior desaceleração de todas, honestamente, o maior obstáculo com que lidamos, foi apenas o medo psicológico do que a dinâmica baseada no mercado e o orçamento gerado pelo cliente podem exigir em termos de responsabilidade.

Por mais que as pessoas se queixem disso, há uma pequena minoria de pessoas que estão tão acostumadas a se esconder por trás da falta de prestação de contas nos velhos sistemas de orçamento e gerenciamento que ficam realmente assustadas com o que pode acontecer quando aquelas antigas muralhas de separação desapareçam.

Bem, agora é a hora, e a maioria das pessoas aqui na Zappos finalmente chegou ao ponto de pensar: "Tudo bem. Eu consigo lidar com isso".

Uma vez resolvido, acho que será uma experiência tão positiva quanto a nossa mudança para o centro de Las Vegas se tornou para a maioria agora. Acho que a hesitação e o medo são apenas respostas naturais que levam tempo para serem superadas.

Mas, agora que tudo está se encaixando, acho que as coisas vão mudar muito mais rápido.

Não é mais teórico. É real.

Eu sei que há muitos céticos por aí. Eu sei, porque os conheço. A maior parte do mundo está tão arraigada na hierarquia típica que as pessoas não têm medo de compartilhar aos quatro ventos suas dúvidas sobre o que estamos fazendo.

"Você realmente acha que isso vai funcionar?"

"Isso é realmente possível?"

"Não há como você ver um fluxo de caixa positivo suficiente sair desses esforços 'secundários' para fazer valer a pena. Quero dizer, qual é!"

"Toda essa porcaria de auto-organização vai matar o seu negócio principal!"

Vender uns brindes em paralelo pode parecer mixaria (não é). Os lucros que poderiam ser obtidos com um funcionário talentoso pintando murais também podem parecer pequenos, certo? Talvez até irrelevante no grande esquema de lucros corporativos – embora claramente não seja irrelevante para Miguel e não seja irrelevante para qualquer um de nós que vive cercado por suas belas obras de arte todos os dias.

Mas eu entendo o que as pessoas estão pensando: "Mesmo que muitas dessas ideias decolem e tenhamos dezenas, até centenas de equipes gerando novos lucros, levará anos para ver os resultados de toda essa experimentação. Então, por que se dar ao trabalho?".

Bem, adivinhe? Não levou anos. Nós já estamos vendo resultados.

Resultados reais.

Resultados dignos de UAU e *lucrativos*, que são realmente vantajosos para todos os envolvidos.

Claro, não vamos revelar tudo neste livro. Afinal, estamos apenas começando. Teremos muito mais histórias para contar ao entrarmos nas próximas duas décadas, pra não falar nos próximos dois séculos.

Mas o que você está prestes a ver no próximo capítulo é apenas um exemplo do que pode acontecer quando tudo o que falamos neste livro se une, tudo de uma vez.

E os resultados são tudo menos "mixaria".

13
O PODER DA ZAPPOS ADAPTIVE

Saul Dave
Sistemas corporativos
Eu sou viciado em adrenalina. Saltei do bungee jump mais alto do mundo, paraquedismo em tandem de 14.500 pés, mergulhei em gaiola com grandes tubarões-brancos e voei em um avião acrobático da Red Bull em uma performance acrobática completa. Também sou incrivelmente propenso a acidentes e me machuco o tempo todo... não é a melhor combinação.

Tudo começou com um telefonema.
　Eu estava passando por um treinamento para novos contratados em julho de 2014, quando recebi uma ligação de uma cliente chamada Tonya, que havia recebido os sapatos de tamanho errado.
　Os sapatos que Tonya havia encomendado eram tênis de tamanho adulto que se fechavam com velcro, em vez de cadarços tradicionais.

Pedi desculpas pelo envio do tamanho errado e tentei substituí-los para ela. Mas não pude. O tamanho que ela queria simplesmente não estava disponível e, apesar dos meus esforços de pesquisa em nosso site, não consegui encontrar um substituto semelhante.

Quando falei a Tonya, ela pareceu bastante exasperada e triste.

Sentindo que ela estava decepcionada, perguntei o porquê, esperando poder compensar isso. Ela compartilhou que os sapatos eram para o neto, Gabriel, que tem autismo e que não sabia amarrar cadarços. Aparentemente, suas habilidades motoras finas nunca se desenvolveram de uma maneira que lhe permitisse dominar essa tarefa. Quando ele era pequeno, não era grande coisa, já que muitos fabricantes produziam sapatos infantis com fecho de velcro. Agora que estava ficando mais velho e seu corpo estava crescendo, havia se tornado mais difícil encontrar calçados esportivos de aparência legal, sem cadarços.

"Uau", eu disse. "Eu não tinha ideia de que fosse algo tão difícil de encontrar."

"Sim", disse Tonya. "Foi por isso que fiquei tão empolgada por encontrá-los na Zappos e estou muito decepcionada agora. Só não sei o que ele vai fazer. Isso é tão frustrante para ele."

"Olha", eu disse, "vou colocar algumas anotações aqui embaixo e ver o que podemos fazer, está bem? Se eu encontrar esses sapatos em qualquer outro lugar, em qualquer outro lugar mesmo, volto a ligar para você. Enquanto isso, fique com os sapatos que enviamos."

"Mas eles não servem", disse ela.

"Eu sei. Mas não há necessidade de devolvê-los. Você pode doar a alguém que possa usá-los. Quem sabe uma organização que ajude outras pessoas como seu neto. Sem nenhum custo. Devolveremos seu dinheiro."

"Sério?", ela disse.

"Eu já processei seu reembolso enquanto conversávamos."

"Isso é maravilhoso. Obrigada!"

Após a ligação, procurei outro varejista ou mesmo uma empresa de calçados que fabricasse calçados adultos bonitos que pudessem servir para Gabriel, mas não tive sorte. Nem um pouco. Logo, ficou evidente para mim que não havia uma empresa on-line especializada em sapatos e roupas para pessoas com necessidades semelhantes às de Gabriel.

Eu não tinha consciência das necessidades e desafios que as pessoas com autismo enfrentavam em geral. E certamente não estava familiarizado com os desafios que eles enfrentavam para se vestir. Eu não tinha nenhuma conexão pessoal com a óbvia frustração e tristeza que Tonya expressou no telefone. Eu só sabia que ela precisava de ajuda. Sua necessidade provocou meu pensamento: "Deve haver muitos outros clientes como ela que têm dificuldades para encontrar os tipos de sapatos e roupas de que seus familiares precisam".

Quando comecei a procurar por sapatos mais fáceis de calçar, inicialmente encontrei alguns sapatos ortopédicos vendidos em locais de suprimentos médicos, o que deixou muito a desejar, porque não eram bonitos. Os sapatos e as roupas que consegui encontrar eram funcionais para necessidades específicas ou pareciam ter sido projetados para pessoas mais velhas. Havia um vazio real em termos de combinação de moda com roupas e sapatos funcionais. Essa lacuna no mercado me fez pensar se a Zappos poderia criar uma categoria em nosso site apenas para atender a esse mercado "adaptável". Falei com alguns de nossos executivos, e todos disseram: "Parece uma boa ideia!".

A intenção não se traduziu inicialmente em ação, no entanto. Nada aconteceu por meses.

Isso é bastante típico na agitação de tentar acompanhar as necessidades diárias de uma empresa próspera, não é? Muitas ideias não passam do estágio da ideia.

Enquanto passávamos pela transição para a auto-organização e a Oferta Teal, meus pensamentos sobre a categoria adaptativa desapareceram em segundo plano – até que, quase por acaso, no verão seguinte, um dos meus contatos na empresa de software SAP me convidou para participar de um evento de golfe beneficente "Els for Autism". Ernie Els, jogador de golfe profissional da África do Sul, tem um filho com autismo, e a SAP apoia sua fundação. Então, fui a esse evento e conheci muitas pessoas incríveis, e ouvi uma apresentação que descrevia como a SAP se comprometeu a contratar pessoas com autismo para preencher 1% de sua força de trabalho. Isso despertou o meu interesse em revisitar como a Zappos poderia introduzir roupas e sapatos adaptáveis para pessoas com deficiência.

> *Foi a primeira vez que entendi completamente como poderia ser adotado um modelo organizacional autogerenciado. Uma coisa realmente positiva. Eu não precisava responder a alguém "mais acima". Eu estava livre para seguir a ideia por conta própria.*

Na mesma época, notei muitas reportagens da imprensa sobre a alta incidência de crianças diagnosticadas com autismo – que acaba sendo uma em cada 59. Interpretei esses dados com o significado de que um número substancial de famílias nos Estados Unidos deve ser afetado por isso. E, no entanto, a maioria dos varejistas parecia lenta em responder às necessidades dessas crianças e de seus pais, sem mencionar os milhões de adultos que poderiam se beneficiar de sapatos e roupas projetados ou adaptados mais especificamente às suas necessidades individuais.

Na Zappos, conversei com Scott Schaefer – um de nossos executivos de finanças – para ver se eu podia obter permissão para explorar a oportunidade no espaço adaptável. Eu disse: "Scott, precisamos fazer alguma coisa. Há uma enorme necessidade disso". E ele disse: "Vá em frente e faça. Você não precisa mais da permissão de ninguém".

Foi a primeira vez que entendi completamente como poderia ser adotado um modelo organizacional autogerenciado. Uma coisa realmente positiva. Eu não precisava responder a alguém "mais acima". Eu estava livre para seguir a ideia por conta própria.

Então fiz isso.

Comecei a enviar e-mails para vários grupos dentro da Zappos, do marketing aos compradores, à Brand Aura, que era inteiramente dedicada a elevar a marca através de todos os tipos de meios inovadores e, lenta mas seguramente, montei uma pequena equipe de pessoas que acreditavam na visão que tive. Não sabíamos exatamente o que queríamos fazer e certamente não tínhamos nenhum roteiro a seguir para descobrir como fazê-lo – quero dizer, se uma avó dedicada batalhava ao ponto de chorar tentando encontrar um único par de tênis bonitos sem cadarço para seu neto em crescimento, como poderíamos comprar produtos suficientes para preencher toda uma categoria adaptável?

Esse desafio foi exacerbado porque levou tempo para encontrar o time certo aqui na Zappos, com a combinação certa de conjuntos de habilidades e fundamentos, para reunir isso. No início, Dana Zumbo entrou a bordo. Ela tem uma extensa experiência em merchandising e passou a maior parte de sua vida trabalhando voluntariamente com crianças e adultos com deficiência. Também precisávamos de um comprador de moda, e Derek Flores se juntou para ajudar a adquirir os produtos. Por fim, Molly Kettle se juntou à equipe como diretora da Zappos Adaptive, trazendo experiência com os sites e executando equipes multifuncionais. No decorrer de 2016 até o início de 2017, essa pequena equipe fez as coisas acontecerem.

"Reunimos PowerPoints e planos de negócios", lembra Molly. "Vendemos a ideia em todo o prédio", acrescenta Dana.

Nosso foco se expandiu da tentativa inicial de atender às necessidades das pessoas com autismo, da compra de sapatos e roupas, para facilitar a vida de quem precisa de adaptações nas roupas a fim de permitir que se vista de forma independente e com confiança. Fizemos uma extensa pesquisa para aprender sobre essas necessidades, conversando e obtendo feedback de pessoas com deficiência, pais de crianças com deficiência, clientes e organizações que atendem pessoas com deficiência.

As reuniões de venda da ideia foram bem, e conseguimos garantir algum investimento de dentro da empresa para começar. Lançamos o site Zappos Adaptive oficialmente em abril de 2017, com apenas duas novas marcas e, com base em nossa compreensão das várias necessidades, conseguimos selecionar algumas roupas e sapatos que já estavam à venda no site da Zappos.

Depois, focamos no marketing de base para espalhar a notícia, e foi aí que algo mágico aconteceu: nós chamamos a atenção da Nike. Sim, da *Nike*!

Deixe eu explicar. Devido à sua experiência em trabalhar com famílias afetadas pelo autismo, Dana conhecia o Nike FlyEase – um ótimo exemplo de como a Nike inova em nome de atletas de todas as habilidades. O Nike FlyEase permite que alguém ponha o pé no sapato e não precise se preocupar com os cadarços. Funciona para todos os tipos de necessidades.

Depois que lançamos a Zappos Adaptive, Dana procurou Aaron Triche, o comprador da Zappos que supervisiona a parceria com a Nike. O timing foi perfeito: Aaron avisou Dana que a equipe da Nike estaria no escritório nos próximos dias e convidou Dana a participar da reunião para compartilhar a história da Zappos Adaptive. Mal sabíamos que, ao mesmo tempo que Dana procurou Aaron, a Nike também havia procurado a Zappos Adaptive. A Nike ficou sabendo sobre a Zappos Adaptive em uma publicação no Facebook que chegou para uma funcionária cujo sobrinho tem autismo. Essa funcionária compartilhou a postagem com a irmã e pediu que ela compartilhasse com sua rede de mães.

E ela contou a história: "Pensei na minha irmã e na família dela, nos ajustes e sacrifícios que eles tiveram que fazer pelo filho e pensei que isso poderia ser uma coisa a menos com que se preocupar. Encontrar sapatos que sejam fáceis de vestir e tirar e roupas que limitem a sobrecarga sensorial (e que também sejam bonitos, por sinal) em um site? E por uma empresa de serviços incrível como a Zappos? Mais pessoas precisam saber, e a Nike precisa fazer parte disso!".

Dana perguntou: "Então, como podemos ter o produto Nike FlyEase no site da Zappos Adaptive?".

E isso é bem importante, porque, naquele momento, o site Nike.com era o único lugar onde era possível comprar o FlyEase. Ele não estava disponível em nenhum outro varejista.

Menos de dois meses depois da reunião inicial com a Nike, recebemos um e-mail deles informando que a empresa estava animada em compartilhar que a Zappos Adaptive poderia oferecer o produto FlyEase a partir da primavera de 2018. E que o lançamento do site Adaptive havia sido o catalisador para essa alteração na distribuição.

A Nike acreditava em nossa missão, que se alinhava à missão da Nike de servir atletas de todas as habilidades. Desde então, estabelecemos uma parceria estreita com a equipe da Nike e tocamos na vida de dezenas de milhares de clientes que agora podem usar seus tênis favoritos da Nike com facilidade, estilo e desempenho absoluto.

Ter uma marca como a Nike como parceira é algo enorme. Adoramos o que eles estão fazendo, e ter o FlyEase disponível em nosso site ajudou a colocar a moda adaptativa no mapa e a Zappos a crescer e mudar a vida de mais pessoas.

Segundo a Nike, não se tratava de negócios, mas de fazer a coisa certa.

Na mesma época, conhecemos um inovador e empreendedor fascinante chamado Billy Price. Quando era um estudante de engenharia na faculdade, Billy caiu de um prédio de três andares.

Ele quebrou o pescoço, resultando em tetraplegia, o que o deixou com pouca mobilidade nos braços e mãos. Como estudante de engenharia, Billy estava acostumado a ser capaz de resolver problemas difíceis e encontrar soluções inteligentes. Então, após o acidente, ele conseguiu descobrir muitas coisas por si mesmo: ele voltou para a escola, terminou sua graduação e reaprendeu a dirigir um carro. Ele foi capaz até mesmo de descobrir truques que o ajudassem a se vestir.

Mas um problema sempre persistiu: ser capaz de calçar os sapatos. Colocar sapatos era difícil, e amarrá-los era quase impossível.

Billy e seu amigo de longa data Darin Donaldson finalmente desenvolveram um design de calçado que facilitou a forma de colocar e tirar sapatos. Os sapatos têm uma função de zíper que se abre de um lado ao redor do dedão, e a parte superior vira e dobra para se abrir completamente, como um livro.

Para Billy, esse design universal facilita colocar o pé diretamente de cima, sem obstruções, em vez de enfiar o pé. E a melhor parte é que Billy e sua equipe fizeram os sapatos superestilosos, para que qualquer pessoa pudesse usá-los. Como o slogan BILLY Footwear diz: "Design universal com a moda em mente!".

Começamos a vender os sapatos de Billy em nosso site, e tudo continuou a crescer a partir daí.

Hoje, oferecemos uma ampla variedade de sapatos fáceis de calçar/tirar, além de roupas sensoriais, camisas e calças reversíveis, roupas com prendedores magnéticos (para quem tem dificuldade em abotoar botões tradicionais), roupas pós-cirúrgicas, sapatos para diabéticos, equipamentos de compressão e muito mais.

"Tem sido muito importante ouvir os clientes e outros consultores neste espaço ao longo do caminho", observa Dana. "Conversamos com pais e avós, como Tonya, pessoas com deficiências, amigos e familiares, aqui em nossa própria família Zappos, sobre quais são suas necessidades, e continuamos a trabalhar para suprir essas necessidades com o produto que oferecemos. Também fomos procurados por pessoas das comunidades locais de fisioterapia e terapia ocupacional."

Com base nessa divulgação, e como uma maneira de aprender mais rápido e solicitar feedback, organizamos um evento para a comunidade local em nosso campus. Um insight precioso que surgiu naquela noite foi a sugestão de que deveríamos participar de conferências nacionais de fisioterapeutas e terapeutas ocupacionais, já que eles estão na linha de frente atendendo pessoas com deficiência e suas famílias. Esses fisioterapeutas e terapeutas ocupacionais entendem, recomendam e criam soluções para facilitar a vida de seus clientes.

"Decidimos participar de uma conferência nacional de fisioterapia em fevereiro de 2018 para ver se fazia sentido organizar um estande em futuras conferências", lembra Molly. "Percebemos que havia muito pouca representação de roupas ou calçados entre os expositores da conferência, então tomamos a decisão de expor na conferência nacional do AT em abril de 2018. Isso abriu muitas conversas com a comunidade de terapia ocupacional."

Aprendemos que terapeutas ocupacionais ajudam seus clientes a encontrar sapatos que se encaixem em certas órteses, contornar certos problemas de mobilidade e fornecer recursos fáceis de vestir/tirar para usuários de cadeiras de rodas. Os terapeutas ocupacionais também compartilharam que as soluções que eles criam não estavam sendo produzidas em massa ou disponibilizadas para compra. Parecia que todos que precisavam de algo adaptado a uma necessidade específica estavam voltando à prancheta e começando do zero. Os terapeutas ocupacionais ficaram muito entusiasmados ao saber sobre os produtos que selecionamos de fornecedores e ficaram surpresos ao ver que algumas das soluções que eles criaram caso a caso estavam agora sendo produzidas em massa por algumas marcas.

"A melhor parte de tudo, porém", diz Molly, "é ver o impacto que isso causa nas pessoas quando elas percebem que há opções disponíveis para elas que atenderão às suas necessidades". Organizamos um estande em Houston e Los Angeles, na Abilities Expo, que é uma mostra voltada para o consumidor. Conhecemos muitas pessoas que costumam se emocionar (e nós também!) quando seus filhos experimentam sapatos que não apenas se ajustam ao aparelho, mas que são bonitos. Ou quando um homem que luta com sapatos a vida inteira percebe que o Nike FlyEase facilitará muito o momento de vestir um calçado. Ou quando uma mulher que usa cadeira de rodas percebe que pode usar jeans depois de não encontrar uma calça que fique bem nela há 20 anos. "As pessoas compartilham conosco suas histórias sobre os desafios que têm", continua Molly. "A ideia de que eles pudessem comprar on-line sapatos e roupas com os quais os filhos não teriam dificuldade, que poderiam aliviar algumas das frustrações que sentem diariamente... é por isso que fazemos o que fazemos."

Criamos um conselho consultivo para fornecer informações, conhecimentos e insights regularmente ao Zappos Adaptive. Procuramos pessoas com experiência neste espaço, que compartilham o objetivo de ajudar a facilitar a vida de pessoas com deficiência que não querem comprometer a moda para a função. Os membros do nosso conselho são um grupo diversificado, que inclui empresários, consultores de moda, consultores de marketing, líderes de organizações, uma participante do Miss América, sobreviventes de atentados à maratona de Boston e o fundador da Runway of Dreams Foundation (RoDF).

Como parte de nossa pesquisa inicial, descobrimos a RoDF, cuja missão se concentra em promover a inclusão de pessoas com deficiência na indústria da moda. Entramos em contato com a fundadora Mindy Scheier e tivemos nossa primeira conversa durante um almoço em Nova York em 2017, pouco antes de lançarmos nosso site. Nós imediatamente nos sentimos conectados, enquanto Mindy contava sua história pessoal sobre seu filho, que tem uma forma rara de distrofia muscular e dificuldade em se vestir. Com base em sua experiência profissional como designer de moda, ela viu a oportunidade de ser uma revolucionária na indústria da moda através da inclusão.

A cada ano, a RoDF organiza um desfile de gala e moda que mostra modelos com deficiências, e o evento arrecada fundos para sua programação. Mindy nos convidou para participar em 2017, e participamos novamente em 2018, desta vez como homenageados para receber um prêmio de inclusão. Em seguida, colaboramos com Mindy e sua equipe para sediar um desfile de moda Zappos Adaptive e Runway of Dreams em Las Vegas, em março de 2019. Equipamos 30 modelos com deficiência em uma variedade de roupas e calçados adaptáveis, e eles desfilaram pela passarela na frente de uma multidão de mais de mil pessoas. Foi uma experiência incrível!

Através da RoDF, conhecemos vários líderes seniores da Tommy Hilfiger e PVH. A Tommy Hilfiger foi pioneira em roupas adaptáveis, modificando suas roupas clássicas masculinas, femininas e infantis existentes com adaptações – ou com o que chamam de "inovações ocultas" – para facilitar o vestir. Derek Flores, nosso membro da equipe que é comprador da Zappos Adaptive, iniciou conversas com a Tommy antes do evento de gala do RoDF 2017 e, através das conexões da Mindy e nosso crescente relacionamento com a marca, começamos a vender a linha Tommy Adaptive no final de 2018.

> *Todo esse bem que estamos fazendo – fazendo tudo o que a Zappos apoia entrar em ação – não é bom apenas para o mundo. É bom para os negócios.*

"Também temos uma ótima história sobre um sapato específico da Converse", diz Molly. "A Converse fez um sapato com uma tira que se dobra e se abre chamada Easy Slip, e ouvimos de muitos pais com crianças usando órteses tornozelo-pé ou aparelho nas pernas para ajudá-los a caminhar de que o sapato

Easy Slip funcionou para elas. Destacamos o sapato na Zappos Adaptive quando lançamos. Mas percebemos que o inventário do Easy Slip continuava caindo. Estávamos ficando sem tamanhos, então contatamos nossa compradora Kara, e ela nos disse: "Sim, eu sei sobre os níveis de estoque, porque o Easy Slip está sendo descontinuado".

Simplesmente não queríamos que isso acontecesse, então Dana se reuniu com Kara, que ligou para a Converse. Montamos um plano e compartilhamos com eles a importância desses sapatos para muitos de nossos clientes. A Converse concordou em adicionar o Easy Slip de volta à produção, exclusivamente para vender no site da Zappos Adaptive!

"São histórias como essa que nos mantêm motivados", diz Dana. "Histórias que eu acho que nunca poderiam acontecer se não fosse pela liberdade que tivemos para explorar essa oportunidade, por conta própria, e para trabalhar em parceria com tantas equipes da Zappos e em torno de nós na comunidade, para cumprir nossa missão."

Ao longo de toda essa experiência, realmente sentimos como se estivéssemos administrando nossa própria empresa dentro da grande empresa Zappos. Como empresa iniciante, somos muito cautelosos e intencionais sobre nossos gastos, analisamos oportunidades de possível retorno do investimento e fazemos mais com menos a cada passo. No entanto, o que é realmente emocionante é que todo esse bem que estamos fazendo – fazendo tudo o que a Zappos apoia entrar em ação – não é bom apenas para o mundo. É bom para os negócios.

Em nosso primeiro ano completo, a Zappos Adaptive registrou milhões de dólares em vendas – sim, milhões –, quase inteiramente através do marketing boca a boca e de base, impulsionado pelo poder da parceria com marcas e comunidades que se preocupam com as pessoas. Fomos bem-sucedidos por causa da contribuição de nossos consultores externos e do apoio de pessoas aqui no campus. Trabalhamos com equipes que fazem design de sites, marketing, criativo, relações públicas, jurídico, financeiro, merchandising, audiovisual e muito mais, todos comprometidos em ver o sucesso da Zappos Adaptive. Realmente valorizamos nosso relacionamento com as diferentes equipes e trabalhamos duro para sermos grandes parceiros, tanto interna quanto externamente.

Inicialmente, nossa pequena equipe começou com apenas algumas pessoas usando muitos chapéus. Molly e Dana começaram nossa página no Facebook da Zappos Adaptive, que rapidamente reconhecemos como um ótimo canal para alcançar as comunidades e as pessoas que estávamos tentando servir. À medida que crescia, queríamos ganhar mais e ter presença em outras plataformas, então decidimos adicionar um gerente de mídia social. Em abril de 2018, trouxemos Lori Wong, que tinha experiência trabalhando na Zappos no estúdio de fotografia. Fotógrafa talentosa, ela foi uma adição maravilhosa à equipe, criando e gerenciando o @ZapposAdaptive no Facebook, Instagram e Twitter.

Tudo está crescendo tão rápido que é difícil prever o tamanho disso. Para ser sincero, lucrar com a criação do que é essencialmente um novo mercado não era nosso objetivo. Nem um pouco. Nosso objetivo é o serviço: facilitar que os clientes que precisam desses produtos os encontrem. Queremos impactar

> *Nosso objetivo é o serviço: facilitar que os clientes que precisam desses produtos os encontrem. Queremos impactar vidas e descobrimos que realizar esse grande objetivo pode ser o mais simples, como dar opções a nossos clientes que os ajudem a se vestir com mais facilidade.*

vidas e descobrimos que realizar esse grande objetivo pode ser o mais simples, como dar opções a nossos clientes que os ajudem a se vestir com mais facilidade.

Nos três anos entre conversar com Tonya e finalmente lançar a Zappos Adaptive, tentei ligar para Tonya em dezenas de ocasiões. Eu queria que ela soubesse o que aquela conversa de tanto tempo atrás havia provocado e inspirado. Mas ela nunca atendeu o telefone.

Finalmente, um dia, no final de 2017, nossa equipe estava sentada em uma sala de reuniões quando estávamos pensando em como nos comunicar sobre a Zappos Adaptive de um ponto de vista autêntico. Decidimos tentar ligar para Tonya mais uma vez.

Milagrosamente, ela atendeu.

"Eu estava fazendo o jantar", disse ela. "Pensei que era um operador de telemarketing! Mas já tinha visto esse mesmo número tantas vezes que pensei: Vou ver quem é."

Eu disse: "Aqui é Saul, da Zappos. Você se lembra daquela ligação de alguns anos atrás sobre os sapatos para seu neto?". Contei a ela toda a história do que a ligação dela inspirara, e ela ficou sem palavras.

"Não acredito que exista uma empresa que se preocupa", disse ela. "Muito obrigado pelo que vocês estão fazendo… não apenas por Gabriel, mas por todos os tipos de crianças que precisam de sapatos sem cadarços ou roupas que facilitem o vestir."

Tonya morava em Atlanta e nunca havia estado em Las Vegas. Então nós a trouxemos para cá.

"Ela conheceu toda a equipe e muitas outras pessoas da Zappos", diz Molly.

"Nós a levamos para passear na cidade", lembra Dana.

Só queríamos que ela soubesse o quanto a valorizamos e que agora ela fazia parte da família. Hoje, ela nos segue no Facebook para se manter atualizada sobre o que estamos fazendo. É difícil explicar às pessoas como é criar algo assim dentro dos muros da empresa, sabendo que nenhum de nós veio aqui para esse fim específico no começo.

"Minha carreira inteira foi em merchandising de varejo", diz Dana. "Mas eu estava envolvida na Special Olympics como voluntária antes de vir para a Zappos. Eu trabalhei com crianças com autismo, ensino de natação e recreação ao lado, e agora estamos perto da comunidade do autismo aqui de uma maneira diferente através do nosso trabalho, e é incrível. Para poder estar aqui nesta equipe que vende produtos para pessoas em uma comunidade que servi por tanto tempo, como isso acontece? Nunca pensei que pudesse trazer minha paixão pelo varejo e meu amor por trabalhar com crianças e adultos a um trabalho que é tão gratificante. Eu sou a pessoa mais sortuda do mundo. É como eu me sinto."

> *Vou para casa e trabalho, e no fim de semana eu trabalho, viajamos, e trabalho, mas não parece trabalho. Sei como é trabalho, e não é a mesma coisa.*

"Eu também me sinto assim", diz Molly. "É a tempestade perfeita. Um papel perfeito. Sinto que minhas experiências de trabalho anteriores me prepararam para isso. Todos estamos tão satisfeitos que nem parece 'trabalho'."

"Não é?", Dana diz. "Vou para casa e trabalho, e no fim de semana eu trabalho, viajamos, e trabalho, mas não parece trabalho. Sei como é trabalho, e não é a mesma coisa."

Molly concorda. "No final do dia, estou sempre dizendo: Posso ter outro dia da semana? Porque eu preciso fazer mais! Sinceramente, não me lembro como é ficar olhando para o relógio e pensar: Posso ir para casa agora?"

"Às vezes é realmente difícil colocar em palavras", diz Dana.

"Somos simplesmente gratos", acrescenta Molly.

O que leva a equipe a fazer esse trabalho pode ser resumido em uma experiência em uma recente Abilities Expo, em Houston. Entre 6 mil e 7 mil pessoas apareceram durante o fim de semana, e a certa altura Molly olhou para Dana e notou que ela estava ao lado de uma jovem numa cadeira de rodas que chorava. Quando perguntaram a ela por que ela estava chorando depois de experimentar um par de tênis Nike FlyEase sobre o aparelho para as pernas, ela olhou com lágrimas no rosto e disse: "Eu nunca consegui comprar sapatos que se encaixassem assim. É... ah, meu Deus. Uau! Eu estou apenas... *Uau*!".

Essa jovem tinha 29 anos e havia lutado por muito tempo para encontrar sapatos que funcionassem para ela.

"Ela voltou no dia seguinte e mostrava a todos que passavam", diz Molly. "Ela dizia: 'Você precisa vir ver isso. Venha ver!' Tivemos mães que vieram com seus filhos para experimentar sapatos. Comecei a chorar com essas mães porque elas encontraram algo que causa um impacto real em suas vidas. Neste trabalho, estamos chorando o tempo todo."

"Quando você vê o impacto em primeira mão, isso apenas o mantém", acrescenta Dana. "Porque você não está apenas ajudando uma pessoa. Você sabe, é uma questão de 'ajude um, e você ajudará muitos'."

Eu diria que resume tudo o que tentamos fazer aqui na Zappos Adaptive e tudo o que tentamos compartilhar aqui neste livro. Ajude um, ajude muitos.

Que ótima maneira de trabalhar. Que ótima maneira de *viver*.

POSFÁCIO

> Uma das minhas citações favoritas é: "Uma ótima marca é uma história que nunca para de se desenrolar".

> Acho que o mesmo vale para uma empresa, uma comunidade e uma cidade.

> É por isso que estou tão animado por morar no centro de Las Vegas agora,

> e é por isso que estou tão animado por fazer parte da próxima etapa da aventura da Zappos.

> Mal posso esperar para ver o que se desenrola a seguir.

Você está se sentindo aventureiro?

Siga este código para ver o que se desenrola...
você nunca sabe aonde isso pode levar:

Para mais histórias, recursos, surpresas e compras,
visite-nos em zappospowerofwow.com

Querendo socializar ou bater um papo?

**Ligue para a gente 24 horas por dia, sete dias por semana
877-927-2332**

- -

Você está com a cabeça cheia de ideias?

Vamos tentar fazer algo divertido juntos.
Enquanto continuamos evoluindo, precisamos da sua ajuda.

Por favor, preencha o espaço em branco:

**Somos uma empresa de serviços que calha de
_____.**

Adoraríamos receber inspiração para a nossa próxima aventura.
Será que a Zappos irá para a lua? A Zappos vai inventar algo maluco?

Envie suas sugestões para o e-mail powerofwow@zappos.com ou recorte esta página
e nos envie sua resposta para receber uma surpresa especial:

**Zappos Power of Wow
400 Stewart Avenue
Las Vegas, NV 89101**

Todos os envios se tornarão propriedade da Zappos LLC após o recebimento
e poderão ser utilizados a seu exclusivo critério.

O JURAMENTO DO EMPREGO

Nº 1 Entregar UAU através de serviços

Na Zappos, tudo o que vale a pena fazer vale a pena fazer com UAU. UAU é uma palavra muito curta e simples, mas realmente abrange muitas coisas.

Para provocar UAU, precisamos nos diferenciar, o que significa fazer algo um pouco não convencional e inovador. Nós precisamos provocar UAU (ir além do esperado) em todas as interações com colegas de trabalho, fornecedores, clientes, comunidade, investidores – com todos. E o que fizermos precisa ter um impacto emocional no receptor.

Não somos uma empresa mediana, nosso serviço não é mediano e não queremos que nosso pessoal seja mediano. Esperamos que todos os funcionários entreguem UAU. Seja internamente com colegas de trabalho ou externamente com nossos clientes e parceiros, fornecendo resultados UAU de boca em boca.

Nossa filosofia na Zappos é fornecer UAU com serviço e experiência e não com qualquer coisa relacionada diretamente à compensação monetária (por exemplo, não oferecemos descontos ou promoções comuns para os clientes). Nós procuramos impressionar nossos clientes, colegas de trabalho, fornecedores, parceiros e, a longo prazo, nossos investidores.

Pergunte a si mesmo: quais são as coisas que você pode melhorar em seu trabalho ou atitude em relação a oferecer UAU a mais pessoas? Você forneceu UAU a pelo menos uma pessoa hoje?

Exemplos de comportamentos para este valor
- Ajuda mesmo quando "não é seu trabalho". Não há problema em executar ações individuais até haver uma oportunidade de levar uma expectativa para uma reunião de governança.
- Provoca UAU em todos, em todos os lugares.
- Faz alguém realmente dizer "UAU".
- Enquadra as interações para obter o resultado mais positivo para o cliente, mantendo em mente os melhores interesses da Zappos. Cliente = alguém que compra no site, fornecedores, colegas de trabalho, candidatos, TODOS.

Nº 2 Aceitar e impulsionar a mudança

Parte de estar em uma empresa em crescimento é que a mudança é constante. Para algumas pessoas, especialmente aquelas que vêm de empresas maiores, a mudança constante pode ser um pouco perturbadora no início. Se você não está preparado para lidar com mudanças constantes, provavelmente não é uma boa opção para a empresa.

Todos devemos aprender não apenas a não temer a mudança, mas a abraçá-la com entusiasmo e, talvez ainda mais importante, a incentivá-la e conduzi-la. Devemos sempre planejar e estar preparados para mudanças constantes. A mudança pode vir e virá de todas as direções. É importante que qualquer pessoa, em qualquer lugar da organização, seja um sensor para mudanças significativas. Especialmente e incluindo funções mais próximas de nossos clientes e/ou problemas.

Nunca aceite ou não se sinta muito à vontade com o *status quo*, porque, historicamente, as empresas que enfrentam problemas são as que não conseguem responder com rapidez suficiente e se adaptar às mudanças. Estamos sempre evoluindo. Se quisermos continuar à frente da concorrência, devemos mudar continuamente e manter os concorrentes na expectativa. Eles podem copiar nossas imagens, nossos envios e a aparência geral do nosso site, mas não podem copiar nossas pessoas, nossa cultura ou nosso serviço. E eles não serão capazes de evoluir tão rápido quanto nós, desde que a mudança constante seja parte de nossa cultura.

Pergunte a si mesmo: Como você planeja e se prepara para a mudança? Você vê novos desafios de maneira otimista? Você incentiva e promove mudanças? Como você incentiva mais mudanças a serem conduzidas em todas as áreas da organização? Você está capacitando seus colegas mais próximos a processarem suas tensões, melhorarem a estrutura de seus círculos, levando problemas para as reuniões de governança e promovendo mudanças?

Exemplos de comportamentos para este valor
- Impulsiona o pensamento original.
- Desafia o *status quo* ou a sabedoria comum.
- Fica confortável com o caos.
- Experimenta novas ideias antes de mergulhar de cabeça. Usa balas de revólver contra balas de canhão.

Nº 3 Criar diversão e um pouco de estranheza

Uma das coisas que diferencia a Zappos de muitas outras empresas é que valorizamos ser divertidos e um pouco estranhos. Não queremos nos tornar uma daquelas grandes empresas que parecem corporativas e chatas. Queremos poder rir de nós mesmos. Procuramos diversão e humor em nosso trabalho diário. Isso significa que muitas coisas que fazemos podem ser um pouco não convencionais – ou então não seria um pouco estranho.

No entanto, não estamos procurando por uma loucura ou uma estranheza extrema. Queremos apenas um toque de estranheza para tornar a vida mais interessante e divertida para todos. Queremos que a empresa tenha uma personalidade única e memorável. A cultura da nossa empresa é o que nos faz sermos bem-sucedidos, e em nossa cultura nós comemoramos e abraçamos nossa diversidade e a individualidade de cada pessoa. Queremos que as pessoas expressem suas personalidades no trabalho. Para quem está de fora, isso pode parecer incoerente ou estranho. Mas a coerência está em nossa crença de que funcionamos melhor quando podemos ser nós mesmos. Queremos que a estranheza de cada um de nós seja expressa em nossas interações uns com os outros e em nosso trabalho.

Um dos efeitos colaterais de incentivar a estranheza é que ela encoraja as pessoas a pensar fora da caixa e a serem mais inovadoras. Quando combinamos um pouco de estranheza com a garantia de que todos estejam se divertindo no trabalho, acaba sendo uma vantagem para todos: os funcionários ficam mais engajados no trabalho que realizam e a empresa se torna mais inovadora como um todo.

Pergunte a si mesmo: O que podemos fazer para sermos um pouco estranhos e nos diferenciarmos de todos os outros? O que podemos fazer que seja divertido e um pouco estranho? Quanto você se diverte no trabalho e o que você pode fazer para torná-lo mais divertido? O que você faz para tornar o trabalho de seus colegas divertido também?

Exemplos de comportamentos para este valor
- Transforma o comum em algo extraordinário
- Tem uma autêntica consciência de si
- Permite que sua estranheza interior se expresse

Nº 4 Ser aventureiro, criativo e mente aberta

Na Zappos, achamos importante que as pessoas e a empresa como um todo sejam ousadas e destemidas (mas não imprudentes). Queremos que ninguém tenha medo de correr riscos nem tenha medo de cometer erros, porque, se as pessoas não estão cometendo erros, isso significa que elas não estão correndo riscos suficientes. Com o tempo, queremos que todos desenvolvam suas próprias intuições sobre decisões de negócios.

Queremos que as pessoas desenvolvam e melhorem suas habilidades de tomada de decisão. Nós as incentivamos a cometer erros, desde que aprendam com eles. Jamais queremos ser complacentes e aceitar o *status quo* apenas porque é assim que as coisas sempre foram feitas. Devemos sempre procurar aventura e nos divertir, explorando novas possibilidades. Tendo a liberdade de ser criativo em nossas soluções, acabamos criando nossa própria sorte. Nós abordamos as situações e os desafios de mente aberta. Às vezes, nosso senso de aventura e criatividade nos faz não sermos convencionais em nossas soluções (porque temos a liberdade de pensar fora da caixa), mas é isso que nos permite superar e permanecer à frente da concorrência.

Pergunte a si mesmo: Você está correndo riscos suficientes? Você tem medo de cometer erros? Você se força a sair da zona de conforto? Existe um senso de aventura e criatividade no trabalho que você faz? Quais são algumas das coisas criativas com que você pode contribuir para a Zappos? Você aborda situações e desafios de mente aberta?

Exemplos de comportamentos para este valor
- **Sem medo de correr riscos**
- **Pensa ainda maior**
- **Está disposto a falhar (e a aprender com o fracasso)**
- **Atua como empreendedor**
- **Toma as melhores decisões por sua função/trabalho para apoiar o objetivo de seu círculo e o objetivo da empresa. O dinheiro, embora deva ser levado em consideração, não é um fator decisivo**

Nº 5 Buscar crescimento e aprendizado

Na Zappos, achamos importante que os funcionários cresçam pessoal e profissionalmente. É importante se desafiar e se esforçar constantemente, e não ficar preso a um trabalho em que não se sinta que está crescendo ou aprendendo. Acreditamos que dentro de cada funcionário há mais potencial do que ele próprio percebe. Nosso objetivo é ajudar cada um a liberar esse potencial.

Mas precisa ser um esforço conjunto: nós precisamos nos desafiar e nos esforçar para isso acontecer. Quando estamos na Zappos há mais de alguns meses, uma coisa é clara: a Zappos está crescendo. Nós crescemos porque enfrentamos novos desafios e enfrentamos ainda mais novos desafios porque estamos crescendo. É um ciclo sem fim, e é uma coisa boa: é a única maneira de uma empresa sobreviver.

Mas às vezes também pode parecer arriscado, estressante e confuso. Às vezes, pode parecer que novos problemas surgem tão rápido quanto resolvemos os antigos (às vezes mais rápido!). Mas isso significa apenas que estamos nos movendo, que estamos ficando melhores e mais fortes. Quem quer competir com a gente precisa aprender as mesmas coisas. Assim, os problemas são apenas marcadores de progresso. Cada um que vencemos significa que melhoramos. No entanto, não importa o quanto a gente melhore, sempre haverá muito trabalho a fazer, nunca estará tudo terminado e nunca estará tudo "acertado".

Isso pode parecer negativo, mas não é: nós faremos o possível para "acertar" e, depois, faremos novamente quando descobrirmos que as coisas mudaram. Esse é o ciclo de crescimento e, goste ou não, esse ciclo não para. É difícil... mas, se não estivéssemos fazendo algo difícil, não teríamos um negócio. A única razão pela qual não somos inundados por nossos concorrentes é que aquilo que fazemos é difícil, e fazemos melhor do que qualquer outro. Se fica muito fácil, começamos a procurar por uma onda de concorrência para nos atingir. Às vezes, pode parecer que não sabemos o que estamos fazendo. E é verdade: não sabemos. Isso é um pouco assustador, mas podemos nos reconfortar ao saber que ninguém mais sabe como fazer o que estamos fazendo. Se alguém soubesse, seria a loja de sapatos mais popular da web. Claro, as pessoas fizeram parte do que fizemos antes, mas o que aprendemos ao longo dos anos na Zappos é que o diabo está nos detalhes. E é aí que estamos abrindo novos caminhos.

Portanto, não há especialistas no que estamos fazendo. Exceto por nós: estamos nos tornando especialistas ao fazer isso. E, para quem trazemos a bordo, o melhor conhecimento que eles podem trazer é o aprendizado, a adaptação e a descoberta de coisas novas, ajudando a empresa a crescer e, no processo, crescendo também.

Pergunte a si mesmo: Como você cresce pessoalmente? Como você cresce profissionalmente? Você é uma pessoa melhor hoje do que era ontem? Como você faz com que seus colegas de círculo cresçam pessoalmente? Como você faz com que seus colegas de círculo cresçam profissionalmente? Como você se desafia e vai além? Você está aprendendo algo todos os dias? Qual é a sua visão de para onde você quer ir? Como você faz a empresa crescer como um todo? Você está fazendo tudo o que pode para promover o crescimento da empresa e ao mesmo tempo está ajudando os outros a entenderem o crescimento? Você entende o propósito da empresa? Você entende o propósito do seu círculo?

Exemplos de comportamentos para este valor
- É curioso sobre como as coisas funcionam
- Tem apetite insaciável por melhorias
- É autodidata (autoavaliador)
- Inspira e orienta os outros

Nº 6 Criar relacionamentos abertos e honestos com a comunicação

Basicamente, nós acreditamos que abertura e honestidade criam os melhores relacionamentos, porque isso leva a confiar e acreditar. Valorizamos relacionamentos fortes em todas as áreas: com funcionários, clientes (internos e externos), comunidade, fornecedores, acionistas e colegas de trabalho. Relações fortes e positivas, abertas e honestas, são uma grande parte do que diferencia a Zappos da maioria das outras empresas. Relacionamentos fortes nos permitem realizar muito mais do que poderíamos fazer de outra maneira.

Um ingrediente-chave em relacionamentos fortes é desenvolver conexões emocionais. É importante sempre agir com integridade em seus relacionamentos, ser compassivo, amigável e leal e garantir que você faça a coisa certa e trate bem seus relacionamentos. A coisa mais difícil a fazer é criar confiança, mas, se a confiança existir, você poderá realizar muito mais. Em qualquer relacionamento, é importante ser um bom ouvinte e também um bom comunicador. A comunicação aberta e honesta é a melhor base para qualquer relacionamento, mas lembre-se de que, no final das contas, não é o que você diz ou faz, mas como faz as pessoas se sentirem mais importantes. Para uma pessoa se sentir bem com um relacionamento, ela deve saber que a outra pessoa realmente se importa com ela, tanto pessoal quanto profissionalmente.

Na Zappos, adotamos a diversidade de pensamentos, opiniões e experiências. Quanto mais amplos e diversificados forem seus relacionamentos, maior será o impacto positivo que você poderá causar na empresa e mais valioso você será para a empresa. É fundamental que a construção de relacionamentos tenha uma comunicação eficaz, aberta e honesta. À medida que a empresa cresce, a comunicação se torna cada vez mais importante, porque todos precisam entender como a própria equipe se conecta ao quadro geral do que estamos tentando realizar. Por melhor que seja, a comunicação é sempre um dos pontos mais fracos de qualquer organização. Queremos que todos sempre tentem ir além para incentivar uma comunicação completa, abrangente e eficaz.

Pergunte a si mesmo: Quanto as pessoas gostam de trabalhar com você? Como você pode melhorar esses relacionamentos? Que novos relacionamentos você pode construir em toda a empresa, para além dos colegas com os quais trabalha diariamente? Como você impressiona as pessoas com quem tem relacionamentos? Como você pode tornar seus relacionamentos mais abertos e honestos? Como você pode fazer um trabalho melhor de comunicação com todos?

Exemplos de comportamentos para este valor
- Quer ouvir ideias/sugestões de outras pessoas
- É transparente tanto sobre informações positivas quanto negativas
- Conecta pessoas para resolver diferenças
- Concorda em processar suas tensões, priorizar seu trabalho, enfim: seguir as regras da holacracia, seguir a constituição e realizar isso da melhor maneira possível

Nº 7 Criar uma equipe positiva e um espírito de família

Na Zappos, depositamos muita ênfase em nossa cultura porque somos uma equipe e uma família. Queremos criar um ambiente amigável, acolhedor e emocionante. Incentivamos a diversidade de ideias, opiniões e pontos de vista. Os melhores líderes são aqueles que lideram pelo exemplo e são tanto seguidores quanto líderes da equipe. Acreditamos que, de modo geral, as melhores ideias e decisões podem vir de baixo para cima, ou seja, das linhas de frente que estão mais próximas dos problemas e/ou dos clientes. O papel de um mentor é remover obstáculos e permitir que as pessoas que ele apoia sejam bem-sucedidas. Isso significa que os melhores líderes são servidores-líderes. Eles servem aqueles a quem lideram.

Os melhores membros da equipe tomam iniciativa quando percebem problemas para que a equipe e a empresa possam ter sucesso. Os melhores membros da equipe se apropriam dos problemas e colaboram com outros membros da equipe sempre que surgem desafios. Os melhores membros da equipe exercem uma influência positiva entre si e com todos que encontram. Eles se esforçam para eliminar qualquer tipo de cinismo e interações negativas. Em vez disso, os melhores membros da equipe são aqueles que se esforçam para criar harmonia entre si e com quem mais interagirem.

Nós acreditamos que as melhores equipes são aquelas que não apenas trabalham entre si, mas também interagem entre si fora do ambiente do escritório. Muitas das melhores ideias da empresa foram resultado direto de interações informais. Por exemplo, a ideia para o nosso livro sobre cultura surgiu de uma discussão casual fora do escritório. Mas somos mais do que apenas uma equipe: somos uma família. Cuidamos uns dos outros, nos importamos uns com os outros e vamos além uns pelos outros, porque acreditamos e confiamos uns nos outros. Trabalhamos juntos, mas também nos divertimos juntos. Nossos laços vão muito além dos relacionamentos típicos de "colegas de trabalho" encontrados na maioria das outras empresas.

Pergunte a si mesmo: Como incentivar mais trabalho em equipe? Como incentivar mais pessoas a tomarem iniciativas? Como incentivar mais pessoas a se apropriarem? O que você pode fazer com os membros da sua equipe para que vocês se sintam tanto como uma família quanto como uma equipe? Como você pode construir relacionamentos mais fortes com os membros de sua equipe, dentro e fora do escritório? Você instila um senso de equipe e família, não apenas dentro do seu departamento, mas em toda a empresa? Você exemplifica um espírito de equipe positivo?

Exemplos de comportamentos para este valor
- É mais do que apenas um colega de trabalho
- Conecta pessoas para relacionamentos significativos
- "Quando penso na equipe, eu penso neles"
- Participa de eventos patrocinados pela empresa (a meta é 20% do tempo/eventos)
- É visível para colegas de trabalho
- Lidera pelo exemplo, faz o que fala

Nº 8 Fazer mais com menos

A Zappos sempre foi capaz de fazer mais com menos. Embora possamos ser casuais em nossas interações uns com os outros, somos focados e sérios sobre as operações de nossos negócios. Nós acreditamos no trabalho duro e no esforço extra para realizar as coisas. Acreditamos na excelência operacional e sabemos que sempre há espaço para melhorias em tudo o que fazemos.

Isso significa que nosso trabalho nunca está concluído. Para permanecer à frente da concorrência (ou da suposta concorrência), precisamos inovar continuamente e fazer melhorias incrementais em nossas operações, sempre nos esforçando para nos tornarmos mais eficientes, sempre tentando descobrir como fazer algo melhor. Usamos os erros como oportunidades de aprendizado. Nunca devemos perder nosso senso de urgência ao fazer melhorias. Nunca devemos nos contentar com o "bom o suficiente", porque o bom é inimigo do ótimo, e nosso objetivo é não apenas nos tornar uma grande empresa, mas também a maior empresa de serviços do mundo. Nós estabelecemos e superamos nossos próprios altos padrões, elevando constantemente a barra para os concorrentes e para nós mesmos.

Pergunte a si mesmo: Como você pode fazer o que está fazendo com mais eficiência? Como seu departamento pode se tornar mais eficiente? Como a empresa como um todo pode se tornar mais eficiente? Como você pode ajudar pessoalmente a empresa a se tornar mais eficiente?

Exemplos de comportamentos para este valor
- É MacGyver? Apenas me dê uma fita adesiva!
- Faz as coisas com menos
- Atitude "Just do it" (valoriza o trabalho duro)
- Fica oito horas ao telefone, ajudando nossos clientes durante as festas de fim de ano (horário dos ajudantes de fim de ano)

Nº 9 Ser apaixonado e determinado

A paixão é o combustível que impulsiona a nós mesmos e à nossa empresa. Nós valorizamos a paixão, a determinação, a perseverança e o senso de urgência. Somos inspirados porque acreditamos no que estamos fazendo e para onde estamos indo. Não aceitamos "não" ou "isso nunca dará certo" como resposta, porque, se aceitássemos, a Zappos nunca teria começado. Paixão e determinação são contagiantes. Acreditamos em ter uma atitude positiva e otimista (mas realista) sobre tudo o que fazemos, porque percebemos que isso inspira outras pessoas a ter a mesma atitude. Existe entusiasmo em saber que todos com quem trabalhamos têm um tremendo impacto em um sonho e uma visão maiores, e é possível ver isso dia após dia.

Pergunte a si mesmo: Você é apaixonado pela empresa? Você é apaixonado pelo seu trabalho? Você ama o que faz e aqueles com quem trabalha? Você é feliz aqui? Você se sente inspirado? Você acredita no que estamos fazendo e para onde estamos indo? Este é o lugar para você?

Exemplos de comportamentos para este valor
- Pede desculpas, não permissão
- Nunca acredita na afirmação "Isso não pode ser feito"
- Vai à luta, se é a coisa certa para a nossa visão

- Toma decisões baseadas em nossos valores fundamentais e valoriza nossa cultura acima de tudo
- Protege a cultura Zappos
- Atua a serviço do propósito do conselho interno, conforme observado no GlassFrog
- Apoia e energiza nossos 4Cs: clothing (roupas), customer service (atendimento ao cliente), cultura da empresa e comunidade

Nº 10 Ser humilde

Embora tenhamos crescido rapidamente no passado, reconhecemos que sempre há desafios pela frente. Acreditamos que, não importa o que aconteça, devemos sempre respeitar a todos. Embora celebremos nossos sucessos individuais e de equipe, não somos arrogantes nem tratamos os outros de maneira diferente da maneira como gostaríamos de ser tratados. Em vez disso, nós nos comportamos com uma confiança silenciosa, porque acreditamos que, a longo prazo, nosso caráter falará por si mesmo.

Pergunte a si mesmo: Você é humilde ao falar sobre suas realizações? Você é humilde ao falar sobre as realizações da empresa? Você trata fornecedores grandes e pequenos com o mesmo respeito com que eles tratam você?

Exemplos de comportamentos para este valor
- Demonstra uma confiança tranquila por suas realizações
- Assume responsabilidades e admite erros
- Escuta antes de ser ouvido

AGRADECIMENTOS

É preciso uma vila para publicar um livro. Este projeto não seria possível sem a ajuda de tantas pessoas, equipes e empresas apaixonadas que trabalharam incrivelmente para nos ajudar a tornar essa ideia realidade nos últimos dois anos.

Agradecemos a todas as pessoas da indústria editorial que se arriscaram e ficaram de mente aberta para fazer algo diferente. Agradecemos a Glenn Yeffeth e ao restante de nossos parceiros de publicação na BenBella Books por darem uma chance ao nosso projeto. No final, não poderíamos ter escolhido uma editora melhor. Este livro é diferente de qualquer outro livro comercial, e agradecemos a vocês por darem um grande salto de fé. Tem sido uma jornada tão gratificante assumir esse risco juntos. Sua equipe está quebrando o molde no setor, e mal podemos esperar para ver aonde isso levará a seguir. Um enorme agradecimento em particular a algumas pessoas: nosso incrível editor, Vy Tran, por sua mente, experiência e paixão ao longo de tudo isso. Você nos ensinou muito e fortaleceu este livro de dentro para fora. A Sarah Avinger, Jessika Rieck e Kit Sweeney, pela incrível paciência e direção de arte que nos levaram a tornar este livro lindo. A Jennifer Canzoneri, por suas ferozes habilidades de marketing. E a Alicia Kania, Adrienne Lang, Rachel Phares, Susan Welte, Leah Wilson e o restante da equipe, por todas as suas contribuições incríveis para otimizar toda essa experiência.

Outro imenso agradecimento vai para o nosso CEO da Zappos, Tony Hsieh. Foi mera coincidência que levou à sua estranha pergunta: "Quanto você cobraria para produzir um livro?". A pergunta levou a uma conversa... que levou a uma proposta... finalmente levando a este livro, e nossa equipe não poderia estar mais agradecida por ter tido a oportunidade de trabalhar neste projeto. Sua confiança e crença não apenas em nós, mas em todos os zapponianos, são incrivelmente inspiradoras. Você é fiel à sua palavra. Você capacita a todos e a cada um de nós para tornarmos esta empresa cada vez melhor, sem ditar como ela deve ser.

Um enorme agradecimento também aos nossos apoiadores internos, que nos deram a confiança e os recursos para fazer este livro acontecer. Arun Rajan e Joseph Grusman, obrigado por aproveitarem a oportunidade inicial em nossa equipe. Foi uma jornada mais longa do que o previsto, mas ficamos muito emocionados por termos tido seu apoio ao longo dos anos. Tyler Williams, você é incrível, e contar com a sua confiança ao longo dos anos foi imensamente apreciado do início ao fim. Chris Peake, somos muito gratos por tê-lo ao nosso lado como líder de torcida e consultor ao nos aventurarmos no mundo da dinâmica baseada no mercado.

Muito obrigado a Christa Foley, nossa Diretora de visão de marca, Diretora de aquisição de talentos e Diretora de treinamento de cultura externa. Obrigado por seu sangue, suor e lágrimas. Bem... esperamos que o sangue não. Mas muito obrigado por tudo neste sprint até a linha de chegada, pois nos aprofundamos mais neste projeto do que o planejado ou esperado. Obrigado por impulsionar nossas ideias e nos fornecer as informações necessárias para fortalecer este livro em sua essência. Você é incrível.

Agradecemos aos nossos colegas zapponianos por fazerem parte desta história. Embora não tenhamos podido incluir literalmente a história e a entrevista de todos os funcionários (ainda que quiséssemos), cada um de vocês – atuais, antigos e futuros funcionários – faz parte desta história tanto quanto qualquer outro. Um agradecimento especial a cada indivíduo que confiou a nós seu tempo e testemunho ao longo do caminho: Steven Bautista, Loren Becker, Jovahn Bergeron, Johnnie Brockett, Rachael Brown, John Bunch, Saul Dave, Hollie Delaney, Debra De Leon, Jeff Espersen, Ned Farra, Christa Foley, Kelli Frantik, Jim Green, Joe Grusman, Derrin Hawkins, Miguel Hernandez, Audrea Hooper, Tony Hsieh, Stephanie Hudec, Aki Iida, Katrina Jadkowski, Jesse Juhala, Scott Julian, Molly Kettle, John Krikorian, Tiani Lee-Manaois, Jeff Lewis, Maritza Lewis, Jeanne Markel, Chris Mattice, Teri McNally, Veronica Montanez, Stephanie Mora, Rachel Murch, Andre Narcesse, Jamie Naughton, Mike Normart, Daniel Oakley, Lauren Pappert, Jamie Parham, Chris Peake, Megan Petrini, Bhawna Provenzano, Arun Rajan, Regina Renda, Rob Siefker, Kelly Smith, Eileen Tetreault, Matt Thomas, Cindy Toledo, James Van Buren, Stephanie Van Hasselt, McKendree Walker, Susan Walker, Joseph Patrick Warren, Tyler Williams, Dana Zumbo, Tia Zuniga e Ryo Zsun. Pedimos desculpas se alguém foi deixado de fora!

Um agradecimento extra a Darrin Caldwell, Peter Gaunt e Derrin Hawkins, pela direção de arte e a mentalidade criativa para trazer este livro à vida visualmente.

Agradecemos às nossas equipes jurídica, de relações públicas e finanças por suas longas horas e trabalho duro neste projeto: Kristina Broumand, Joanna Hass, Ingrid Llewellyn, John Murphy, Jamie Naughton, Scott Schaefer e Jennifer Schmeling. Vocês são a espinha dorsal de todos os projetos e protetores de nossa marca. Obrigado a Kristen Chasseur, Jeanne Markel e todos os nossos maravilhosos ninjas que foram úteis na logística por trás da elaboração deste livro. Obrigado do fundo do coração a nossas marcas, fornecedores, parceiros e comunidade que cercaram a Zappos com muito amor e apoio ao longo dos anos. Obrigado à cidade de Las Vegas, por nos permitir chamá-la de lar. Esta cidade tem muito orgulho e somos muito gratos por sermos uma pequena parte deste lugar maravilhoso.

Obrigado aos nossos queridos clientes e fãs da Zappos, que ficaram do nosso lado nos últimos 20 anos. Vocês nos fazem lutar para sermos cada vez melhores. Vocês são o centro da Zappos e de tudo o que fazemos. Sem vocês, não existe nós, e agradecemos muito por isso. Obrigado aos nossos parceiros da Amazon por apoiarem e acreditarem na cultura da Zappos.

Também precisamos agradecer aos nossos parceiros e agentes da Aevitas Creative Management, por correrem esse risco conosco, e a alguns, em particular, que foram incrivelmente prestativos ao longo do caminho: Justin Brouckaert, Shenel Ekici-Moling, Erin Files, Chelsey Heller, David Kuhn, Sarah Levitt e Todd Shuster.

Acima de tudo, nossa mais profunda gratidão a Mark Dagostino e sua agente, Madeleine Morel. Madeleine, você foi uma conselheira e uma conexão incrível durante todo o projeto. Mark, mal sabíamos que faríamos essa jornada de dois anos quando nos falamos pela primeira vez. Mas aqui estamos. Nós conseguimos! Tem sido um trabalho de amor e incrivelmente gratificante. Devemos um enorme agradecimento a você por seu tempo, pela energia, o otimismo, a escrita, as viagens e a boa companhia que você nos deu ao longo dos anos. Você não é apenas um parceiro e uma mente incrível para se ter ao lado, como também se tornou um amigo íntimo e parte de nossa própria família Zappos. Nós amamos você!

E, por último, mas certamente não menos importante, obrigado a você... sim, você! Nosso querido leitor – especialmente se chegou até aqui. Continue assumindo riscos em tudo o que faz. Persiga esses desafios com firmeza. Existe uma oportunidade do outro lado de todo "sim". Isso parece verdadeiro, seja nos negócios ou na vida.

**Derrin Hawkins
Kelly Smith
Tia Zuniga**
Equipe Zappos THINK